# Deutschland

## Germany

# Deutschland

In 2 Sprachen

## Germany

**UMSCHLAG, GROSSES BILD:** *Blick über die Elbe auf Dresden.*
**– OBEN LINKS:** *Schloss Neuschwanstein.*
**– OBEN MITTE:** *Köln am Rhein mit Dom, Kirche St. Martin und Rathaus.*
**– OBEN RECHTS:** *Westerhever Leuchtturm.*
**SEITE 1:** *Neuschwanstein – das Märchenschloss des Bayerischen Königs Ludwig II.*
**SEITE 2–3:** *Im Altmühltal nahe dem mittelfränkischen Solnhofen.*

**COVER, MAIN PHOTO:** *View of Dresden across the Elbe.*
**– TOP LEFT:** *Neuschwanstein Castle.*
**– TOP CENTRE:** *Cologne on the Rhine with cathedral, St. Martin's Church and town hall.*
**– TOP RIGHT:** *Westerhever lighthouse.*
**PAGE 1:** *Neuschwanstein – the fairytale castle of Bavarian King Ludwig II.*
**PAGE 2–3:** *In Altmühltal near Solnhofen, Middle Franconia.*

## IMPRESSUM



Text: Hans Otzen
Bildbeschaffung, -redaktion und -texte: Jürgen Lindenburger (Hrsg.), TopicMedia Service
Übersetzung der Texte ins Englische: Graeme & Barbara Cunningham
Übersetzung der Bildtexte ins Englische: Marian Hahn



Im Internet finden Sie unser Verlagsprogramm unter:
www.doerfler-verlag.de

## BILDNACHWEIS

Fotolia / Christa Eder (über Herausgeber): 1 Abb.;
Panthermedia (über Herausgeber): 65 Abb.;
Shutterstock (über Herausgeber): 90 Abb.;
Silvestris / Photopress: 5 Abb.;
TopicMedia / Archiv: 9 Abb.;
TopicMedia / Euroluftbild / imagebroker: 2 Abb.;
TopicMedia / Foto Beck / imagebroker: 1 Abb.;
TopicMedia / Hollweck: 2 Abb.;
TopicMedia / imagebroker: 7 Abb.;
TopicMedia / Lindenburger: 20 Abb.;
TopicMedia / Werner Otto: 57 Abb.;
TopicMedia / Photo Digital: 71 Abb.;
TopicMedia / J&C Sohns: 2 Abb.;
TopicMedia / Uwe Walz: 2 Abb.;
TopicMedia / Klaus Wernicke: 2 Abb.;
Wikipedia: Holger Weinandt S.33;
Berthold Werner S. 106

# INHALT

# VORWORT

Deutschland – im Herzen Mitteleuropas gelegen – weist eine landschaftliche und kulturelle Vielfalt wie kaum ein anderes Land der Erde auf. Seine Oberflächengestalt gliedert sich in drei Großräume. Im Norden wird das Landschaftsbild durch die eiszeitlich geformte Norddeutsche Tiefebene geprägt, die in den Küstensaum von Nord- und Ostsee und die ihnen vorgelagerten Inseln übergeht. Südlich erstreckt sich das breite Band der Mittelgebirge, der landschaftlich vielgestaltigste Großraum Deutschlands. Hier ragen so unterschiedliche Gebirgszüge und Bergländer wie der Harz, das Erzgebirge, das Weserbergland, der Schwarzwald oder der Bayerische Wald empor. Ganz im Süden der Mittelgebirgszone schließt sich das Alpenvorland an, das schroff in den eigentlichen Alpenraum übergeht. Hier ragt die Zugspitze mit 2962 Metern als Deutschlands höchster Berg empor.

*Ostfriesische Windmühle, das Wahrzeichen von Greetsiel.*
*East Friesian windmill, the landmark of Greetsiel.*

So vielfältig wie seine Landschaften, so wechselvoll war auch die Geschichte Deutschlands. Historisch gesehen erwuchs Deutschland aus dem Frankenreich, das nach der Völkerwanderungszeit in Mitteleuropa die Oberhand gewann und dem seit Karl dem Großen die Führungsrolle in Europa zukam. Das Mittelalter war eine der kulturellen Blütezeiten Deutschlands, der wir großartige romanische und gotische Sakralbauten verdanken. Doch die Auseinandersetzungen mit dem Papsttum, die Pestepidemie Mitte des 14. Jahrhunderts und die Folgen des verheerenden Dreißigjährigen Krieges schwächten die zentrale Kraft des Reiches. Territorialfürsten und die freien Städte gewannen zunehmend die Oberhand in Deutschland. Dieser Zeit verdanken wir die schönen Stadtbilder mit ihren reizvollen Fachwerkbauten. Leider wurde die historische Bausubstanz vieler der großen Städte im Zweiten Weltkrieg stark zerstört, aber Städte wie Rothenburg ob der Tauber und Dinkelsbühl lassen den Glanz der alten Städte erahnen.

*Fachwerkromantik in dem Moselort Trittenheim.*
*Romantic half-timbered house in the Moselle village of Trittenheim.*

In der Barockzeit setzte ein neuer Bauboom ein, der vor allem in Süddeutschland prächtige Klöster, Kirchen und Schlösser entstehen ließ.

Im Zuge der nachnapoleonischen Neuordnung Europas erstarkte das Königreich Preußen so weit, dass es das „zweite" deutsche Kaiserreich gründen konnte, das aber kaum 50 Jahre Bestand hatte und mit der Niederlage Deutschlands im Ersten Weltkrieg unterging. Das unter Hitler gegründete Dritte Reich überrollte Europa und die Welt mit dem schlimmsten aller bisher gekannten Kriege, der mit der Abtretung der deutschen Ostgebiete und der Teilung Deutschlands in die Deutsche Demokratische Republik und die Bundesrepublik Deutschland endete. Diese Teilung wurde 1990 durch die Wiedervereinigung der beiden deutschen Staaten beendet.

Nach der Wiedervereinigung stellt sich Deutschland als Teil Europas dar, das im Einklang mit seinen Nachbarstaaten an der friedlichen Weiterentwicklung der Kulturen dieser Erde mitwirken hilft. Hierbei kann Deutschland seine Erfahrungen aus der Geschichte und seine künstlerischen, gesellschaftlichen und wissenschaftlichen Errungenschaften mit einbringen – eine Vision, wie sie auch schon den mittelalterlichen Universalisten in Europa vorschwebte!

*Baumriese im Urwald Sababurg bei Hofgeismar.*
*Huge ancient tree in Sababurg's primeval forest.*

# INTRODUCTION

Situated in the heart of central Europe, Germany has a scenic and cultural diversity which is almost unique. It can be divided into three main topographical areas. In the north the landscape is characterised by the North German Plain which was formed during the Ice Age. It, in turn, merges with the North and Baltic Sea coastal areas and the offshore islands. South of the North German Plain we find the Mittelgebirge (Central German Uplands) stretching from the Eifel to the Erzgebirge and from the Black Forest to the Bavarian Forest. This region is probably the area with the greatest degree of scenic variety in Germany. Adjacent to the Mittelgebirge are the Alpine foothills which rise suddenly to become part of the actual Alpine region with the Zugspitze (2962 m), Germany's highest mountain. The history of Germany is just as varied as its landscape. Historically, Germany developed from the empire of the Franks which had gained the upper hand in central Europe after the Völkerwanderung and which played a leading role in Europe as of the time of Charlemagne. The Middle Ages represent one of the heydays of German civilisation. Some magnificent Romanesque and Gothic church buildings originate from these times. Conflicts with the Papacy, however, the Plague epidemic in the mid-14th century, the terrible consequences of the Thirty Years' War and not least the Reformation all combined to weaken the central power of the empire, and the territorial princes, together with the towns, gradually gained supremacy in Germany.

*Kreuzgang im Westflügel des Mainzer Doms.*
*Cloister in the west wing of Mainz Cathedral.*

Charming townscapes with their half-timbered buildings stem from this period – unfortunately, however, historical buildings in a lot of large towns were destroyed in the Second World War but, nevertheless, towns like Rothenburg ob der Tauber give us an idea of what such places looked like. The baroque period saw the beginning of a new building boom during which splendid monasteries, churches and castles were built, above all in southern Germany. In the wake of the post-Napoleonic reorganisation of Europe, the kingdom of Prussia became so strong that it was able to create the "Second" German Empire, which, however, survived barely 50 years ending with the defeat of Germany in the First World War. The Third Reich, set up under Hitler, crushed Europe and the world with the most devastating war known so far to mankind. The consequences for Germany were that the German Eastern territories were ceded and that the country was divided into the German Democratic Republic and the Federal Republic of Germany. This division came to an end in 1990 with the reunification of the two German states.

*Ein Meisterwerk von Tilmann Riemenschneider, das Heiligblut-Retabel in der Jakobskirche in Rothenburg ob der Tauber.*
*A masterpiece by Tilmann Riemenschneider, the Holy Blood Altar in St. James's Church in Rothenburg ob der Tauber.*

Now, after reunification, Germany is an integral part of Europe working together in harmony with her neighbours to further the peaceful development of the world's civilisations. Germany's role in this is enriched by her history as well as her achievements in the fields of art, social affairs and science – a role which had been a vision of the mediaeval universalists in Europe back in the Middle Ages.

*Das Münchner Kindl auf dem Neuen Rathaus.*
*The "Münchner Kindl" on the New Town Hall.*

# DIE DEUTSCHE KÜSTE

## AN DER NORDSEE

Die deutsche Nordseeküste, die sicherlich zu den interessantesten Landschaftsformen Europas zählt, ändert im immerwährenden Kampf mit den Unbilden der Natur ständig ihr Erscheinungsbild. Die Entstehung der vorgelagerten nord- und ostfriesischen Inseln ist Teil dieses wechselvollen Gestaltungsprozesses.

Zwischen Inseln und dem Festland breitet sich ein Wattgürtel aus, der in der Abfolge von Ebbe und Flut regelmäßig vom Nordseewasser überspült wird und einer vielfältigen Flora und Fauna Lebensraum bietet. Im unmittelbaren Küstenbereich ist Marschland einem Geestrücken vorgelagert, erst hier kann der „Blanke Hans" – Inbegriff der Urgewalten der Nordsee – seine Kräfte nicht mehr zum Schaden der Menschen austoben. Auch die kleine Insel Helgoland, 65 Kilometer vor der deutschen Nordseeküste gelegen, ist ein Relikt dieses Geestrückens.

*Die „Lange Anna", das Wahrzeichen von Helgoland.*
*The "Lange Anna", Heligoland's famous landmark.*

### Ostfriesische und Nordfriesische Inseln

Die deutschen Nordseeinseln unterteilen sich in die Ostfriesischen Inseln zwischen Ems- und Wesermündung, und in die Nordfriesischen Inseln, die der Westküste Schleswig-Holsteins vorgelagert sind. Hier hat sich mit den Halligen noch eine spezielle Inselform herausgebildet.

Die deutschen Nordseeinseln sind junge Strandwall- und Dünenbildungen am Rand des Wattenmeers, die durch Sturmfluten, Westwinde und durch Strömungen ständig ihre Form verändern. Die Nordfriesischen Inseln Sylt, Amrum und Föhr enthalten Geestkerne. Die Westseite der Inseln wird immer weiter vom Meer angegriffen, wohingegen sich an der Ostseite junge Marsch anlagert. Während der

**Rechte Seite oben:** *Der Westerhever Leuchtturm, heute mehr Nostalgie und Romantik.*
**Rechte Seite unten:** *Typisches Friesenhaus auf Amrum.*
**Right page top:** *Westerhever lighthouse, more nostalgic and romantic today.*
**Right page bottom:** *Typical Friesian house on Amrum.*

T
M
E
3

Wohnzimmer eines Warfthauses auf der nordfriesischen Hallig Gröde.

Living room of a house built on a terp (artificial mound) on a North Friesian Hallig island of Gröde.

Ebbe sind die Inseln zum Teil landfest und können dann über das Watt vom Festland aus erreicht werden. Seeseitig kennzeichnen Dünenbildungen die Inseln. Mit ihren vorgelagerten Stränden und durch das anregende Seeklima haben sich die meisten der Inselorte zu attraktiven Ferienzentren entwickeln können, allen voran Westerland auf Sylt.

**Halligen**

Die Halligen (Langeneß, Oland, Hooge, Nordstrand etc.) entstanden nach den großen Sturmfluten des Mittelalters und durch spätere Schlickablagerungen. Sie werden bei Hochwasser ganz oder teilweise überschwemmt. Größere Halligen haben Sommerdeiche. Die Wohnhäuser stehen auf künstlichen, vier bis fünf Meter hohen Erhebungen – Warften oder Wurten genannt. Die salzhaltigen Böden der Halligen erlauben keinen Ackerbau, deshalb wird hier Viehzucht betrieben. Der Schwerpunkt liegt dabei auf der Schafhaltung, denn diese Tiere dienen auch gleichzeitig der Deichpflege. Die großen Inseln Nordstrand

Seehund und Lachmöwe im Nationalpark Wattenmeer.

Seal and black-headed gull in Wadden Sea National Park.

und Pellworm sind vor ihrer Eindeichung im übrigen auch Halligen gewesen.

**Nationalpark Wattenmeer**

Der Nationalpark Wattenmeer unterteilt sich in einen niedersächsischen und einen schleswig-holsteinischen Teil. Beide zusammen machen eine Fläche von über 500 000 Hektar aus.

Im schleswig-holsteinischen Wattenmeer gibt es darüber hinaus auch noch einen großen Seehundbestand mit über 3000 Tieren. Für den niedersächsischen Teil sind zusätzlich die ständig wasserführen-

*OBEN: Die einsame Hallig Hooge im Nationalpark Schleswig-Holsteinisches Wattenmeer. Hooge ist die zweitgrößte der zehn Halligen.*
*RECHTS: Das Rathaus von Jork, dem „Herz" des Alten Landes. Es beinhaltet ein historisches Trauzimmer mit traditionellen Altländer Möbeln.*
*TOP: Solitary Hallig island of Hooge in Wadden Sea National Park, Schleswig-Holstein.*
*RIGHT: Jork Town Hall in the Alte Land.*

**Oben:** *Nordfriesische Hallighäuser im Wattenmeer mit Salzwiesen.*
**Unten:** *Kutschfahrt bei Ebbe von Cuxhaven zur Insel Neuwerk.*

**Top:** *North Friesian Hallig houses with salt marshes.*
**Bottom:** *Horse-drawn carriage to the island of Neuwerk at low tide.*

Windmühle in der holsteinischen Knicklandschaft.
Windmill amid the Holstein hedgerow landscape.

den Seegatts, Balgen und Priele sowie die Salzwiesen des Deichvorlandes von besonderem Interesse.

### Landschaft zwischen Marsch und Geest

Im Hinterland der Nordseeküste erstreckt sich vom Norden Schleswig-Holsteins in einem großen Bogen bis zur holländischen Grenze in Niedersachsen ein breiter Geestgürtel mit sandigen und moorigen Böden.

Zur Nordsee hin fällt die Geest teilweise mit Steilrand zur vorgelagerten Landschaftszone der Marschen ab. In der schleswig-holsteinischen Geest charakterisieren die Knicks, mit Gebüsch bewachsene Erd- und Steinwälle, zum Schutz der Felder vor den stürmischen Nordwestwinden die Landschaft. Die Seemarschen an der Küste und die Flussmarschen an Ems, Weser und Elbe sind durch abwechselnde Landhebungen und -senkungen entstanden, wobei Sturmfluten ständig Land wegrissen, welches der Mensch dann wieder eindeichte. Mit Wurtsiedlungen, künstliche Siedlungshügel, wie sie etwa in Eiderstedt anzutreffen sind, begegneten die Bewohner der Gewalt der Meere. Ansonsten sind Marschhufendörfer und Einzelhofsiedlungen für dieses Landschaftsbild typisch.

### Altes Land

Die Flussmarschen boten trotz der ständigen Hochwassergefahr wegen ihrer Fruchtbarkeit weit bessere Voraussetzungen zur landwirtschaftlichen Betätigung als die karge Geest. Schon seit dem Mittelalter hatten hier die Bauern die Absatzmärkte der nahe gelegenen kaufkräftigen Hansestädte vor Augen. Allen Gebieten voraus entwickelte sich das Alte Land vor den Toren Hamburgs zum intensiven Obstanbaugebiet. Die prächtigen, in Ziegelfachwerkbauweise errichteten Bauern- und Bürgerhäuser von Jork und Umgebung sind mit ihren repräsentativen Toreinfahrten einmalig im ganzen Land!

### Hansestädte der Nordsee

Im 13. und im 14. Jahrhundert brachte der Kaufmanns- und Städtebund der Hanse nicht nur den Handelsstädten, sondern auch den ländlichen Regionen zwischen Elb- und Wesermündung Reichtum. Mit steigendem Wohlstand entwickelte sich ein hanseatisches Selbstbewusstsein, das vor allem den Bürgern Hamburgs und Bremens die Unabhängigkeit gegenüber Kaiser und Kirche erbrachte.

**Links:** *Marktplatz von Bremen mit dem Rathaus und der St.-Petri-Kirche.*
**Rechts:** *Rolandstatue und Bürgerhäuser am Bremer Marktplatz.*
**Unten:** *Abend im Hamburger Hafen, Uhrenturm und Werftanlagen.*
**Left:** *Bremen market place with the town hall and St. Peter's Church.*
**Right:** *Roland statue and historic town houses on Bremen market place.*
**Bottom:** *Evening in the port of Hamburg, clock tower and dockyards.*

In Bremen repräsentiert der imposante, im 11. Jahrhundert begründete St.-Petri-Dom, von romanischen Bogenreihen getragen und mit gotischen Bögen gewölbt, die mittelalterliche, klerikale Dominanz in der Stadt. Ihm vis-a-vis auf dem Marktplatz steht die 1404 von den Bürgern errichtete 10 Meter hohe, monumentale Rolandstatue als Symbol späterer reichsstädtischer Freiheit und eigenständiger Gerichtsbarkeit.

Hamburg, mächtigste aller Hansestädte, geht auf die im frühen 9. Jahrhundert als fränkischer Stützpunkt errichtete Hammaburg zurück. 831 wurde Hamburg Bischofsitz und 834 zum Sitz des Erzbischofs. Mit dem Bau eines Hafens und der Verleihung der Marktrechte erlebte Hamburg trotz häufiger Normannenüberfälle im 10. Jahrhundert eine erste wirtschaftliche Blüte. Graf Adolf III. von Holstein gründete 1188 neben der erzbischöflichen Altstadt die gräfliche Neustadt, deren Schifffahrtsprivilegien Friedrich Barbarossa am 7. Mai 1189 bestätigte – dieser Tag wird heute noch als „Überseetag" gefeiert.

Der große Brand von 1842 vernichtete über ein Drittel der Häuser Hamburgs und im Zweiten Weltkrieg erlitt Hamburg noch schwerere Schäden. Weitgehend erhalten blieben das vom Ende des 19. Jahr-

hunderts stammende Rathaus und die St.-Michaelis-Kirche mit dem 132 Meter hohen West-Turm, dem „Michel", Wahrzeichen der Stadt.

## Ostfriesland

Im Kern besteht Ostfriesland aus einem eingeebneten Moränenzug zwischen Jadebusen und Dollart. Diese eiszeitliche Ablagerung – gerade 200 000 Jahre alt – enthielt einst ausgedehnte Hochmoore, die inzwischen weitgehend abgetropft sind und seit ihrer Entwässerung eine Heideflora tragen. Dem Moränenzug vorgelagert ist ein bis zu 20 Kilometer breiter

***Oben:** Abend an der Binnenalster in Hamburg, links der Turm der Nikolaikirche, rechts das Rathaus.*
***Links:** Fischkutter im Hafen von Greetsiel, ein kleiner Sielort an der Leybucht im westlichen Ostfriesland.*
***Rechts:** Der Hafen von Leer in Ostfriesland.*
***Top:** The Inner Alster in Hamburg at dusk, steeple of St. Nicholas' Church on the left, town hall on the right.*
***Left:** Fishing cutter in Greetsiel, a small historical port in the Leybucht in western East Friesland.*
***Right:** Port of Leer in East Friesland.*

Streifen Marschland, das nach den nacheiszeitlichen Wassereinbrüchen mühsam von Menschenhand dem Meer wieder abgerungen wurde.

Im jahrhundertelangen Kampf mit den Naturgewalten entstand so in Ostfriesland ein Menschenschlag, der – immer auf sich allein gestellt – keinem Herren mehr gehorchen wollte. Die Ostfriesen legten sich sogar mit den mächtigen Hansestädten an. Als sie gar dem berüchtigten Seeräuber Störtebeker Unterschlupf gewährten, griff Hamburg mit mehreren Kriegsschiffen ein und bereitete dem Spuk ein Ende.

**Stadtansichten in Backstein**

Südwestlich von Aurich befindet sich die alte Thingstätte Upstall-boom, wo sich bis zum 14. Jahrhundert die friesischen Bauernfamilien trafen, um ihre Angelegenheiten selbst zu regeln – ein Symbol friesischer Freiheit und Unabhängigkeit, das allerdings mit dem Erstarken der Häuptlinge seine Bedeutung verlor.

Der Charme der einstigen Residenzstadt Aurich geht heute noch von seinen historischen Bürgerhäusern aus, wie sie beispielsweise in der Bergstraße anzutreffen sind.

Backsteinarchitektur dominiert gleichfalls in Jever, dessen Renaissance-Rathaus von zwei Löwen gesäumt wird.

Das einst prächtige Renaissance-Rathaus in Emden wurde nach der Kriegszerstörung durch einen Neubau – natürlich in Backsteinbauweise – ersetzt, der sich harmonisch in das Stadtbild einpasst. Auch in Leer wird das Zentrum von Backstein-Bürgerhäusern dominiert, die eigentlich allen Städten Ostfrieslands ihr holländisches Flair verleihen.

## AN DER OSTSEE

Zwischen Flensburg und Wolgast zeigt die Ostseeküste ihre vielen Gesichter – Förden und Buchten, Bodden und Haffs, und dazwischen eingebettet die schönsten Strände, die man sich vorstellen kann.

Die Flensburger und Kieler Förden sind tief in den schleswigholsteinischen Geestrücken eingekerbte eiszeitliche Täler, die nunmehr von der Ostsee geflutet sind. Weniger imposant, aber umso reizvoller ist die auf gleiche Weise entstandene Schlei. Südlich schließt sich die Hohwachter und Lübecker Bucht an, in deren Hinterland sich die Holsteinische Schweiz mit ihren vielen Seen erstreckt. Die Mecklenburger Küste ist gekennzeichnet durch langgedehnte Strände, die sich mit Steilküsten abwechseln. Hier bildeten sich Brackwasserbodden im Schutz vorgelagerter Inseln. Diese, etwa der Darß, Zingst oder Usedom, entstanden unter anderem durch Sandanwehungen. Die seichten Buchten sind paradiesische Biotope für Wasservögel und Zugvögel.

### Land der Schlösser und Herrensitze

„Dat se bliwen ewich tosammende ungedelt" – dieser in Schleswig-Holstein allgegenwärtige Ausspruch verdeutlicht das Zusammengehörigkeitsgefühl in diesem vielfach umkämpften Durchgangsland Schleswig-Holstein. Schon früh wurde es durch Wehranlagen geschützt, aus denen die vielen, herrlichen Schlösser des Landes hervorgingen. Schloss Glücksburg, Schloss Gottsdorf bei Schleswig, Schloss Plön und das weiße Schloss von Ahrensburg mit seinen vier Ecktürmen, heute Museum, sind beredte Zeugnisse hochherrschaftlicher Baukunst in diesem Lande.

### Ostseestrände

Die Ostseeküste, jahrhundertelang als reizlos und unwirtlich empfunden, hat spätestens seit Ende des vorigen Jahrhunderts – zunächst als exklusives Ferienvergnügen in der Nähe fürstlicher Residenzen – touristisches Interesse gefunden und manch abgelegenem Ostseeort die Chance geboten, sich zum See-

**RECHTS:** *Die Südfassade des Renaissanceschlosses Ahrensburg.*
**UNTEN:** *Unberührte Steilküste der Ostseeinsel Rügen.*
**RIGHT:** *The south façade of the Renaissance-style Ahrensburg Castle.*
**BOTTOM:** *Unspoiled cliff coast of the island of Rügen in the Baltic Sea.*

**OBEN:** *Das traditionsreiche Kurhaus des Ostseebades Binz auf Rügen.*
**UNTEN:** *Eine typische Kunstkate auf der Ostseehalbinsel Darß.*

**TOP:** *The long-established Assembly Rooms of Binz, Baltic Sea spa resort on Rügen.*
**BOTTOM:** *Typical "art cottage", a so-called "Kunstkate", on the Baltic peninsula Darß.*

bad zu entwickeln. Die „westlichen“ Ostseebäder, allen voran der Timmendorfer Strand, aber auch Grömitz oder etwa Hohwacht, hatten schon früher die Chance, sich weltoffen zu entwickeln.

Dies haben die weiter östlich gelegenen Seebäder an der Ostsee längst nachgeholt. So zählt Boltenhagen im westlichen Mecklenburg wieder zu den großen Ostseebädern, und die Badestrände auf Poel, insbesondere der bei Timmendorf, wo der Leuchtturm steht, sind längst kein Geheimtip mehr. Vier Kilometer lang ist der Ostseestrand von Kühlungsborn, er ist durch die 100 Jahre alte Schmalspurbahn „Molli“ mit Bad Doberan verbunden. Der unmittelbar bei Bad Doberan gelegene Ort Heiligendamm wurde schon 1793 als Seebad gegründet und ist damit das älteste Seebad Deutschlands überhaupt. Der Badebetrieb von Warnemünde wurde 1834 eröffnet, als Damen- und Herrenbad im züchtigen Abstand von 100 Metern.

Letztlich seien noch die Badestrände an der Rostocker Heide zu erwähnen. Die beiden Bäder Graal und Müritz wurden 1938 zu einer Gemeinde vereinigt. Von hier aus lohnt der Weg zum Großen Moor, einem Küstenhochmoor, dessen Flora und Fauna sich in interessanter Weise den maritimen Einflüssen dieses Feuchtgebietes angepasst hat.

Die westpommersche Bädermeile umfasst die Halbinsel Fischland und setzt sich über den Darß und Zingst fort, die mit ihren teils kilometerlangen Stranden noch Sommerfrische ohne Überfüllung bieten.

***UNTEN:** Das Holstentor, ein Stadttor von Lübeck mit alten Salzspeichern.*

***BOTTOM:** The Holstentor, one of Lübeck's city gates with old salt stores.*

Auf dem schmalen Fischland mit dem Saaler Bodden im Rücken liegt Ahrenshoop, ein altes Fischerdorf, das Ende des vorigen Jahrhunderts Künstler anzog. Zu DDR-Zeiten galt Ahrenshoop als ein Refugium der SED-Bonzen – immerhin wurden so die typischen Kunstkaten mit ihren reetgedeckten Krüppelwalmdächern restauriert. Die nördlich und südlich gelegenen Küstenabschnitte weisen besonders reizvolle Strände auf. Jenseits des Darßer Ortes liegt das Ostseebad Prerow – das für seinen FKK-Strand in waldreicher Umgebung bekannt ist. Im Hinterland erstreckt sich der Darßer Wald, ein Urwald, wie man ihn kaum erwartet. An seinem Westrand stehen noch über 200 Jahre alte Kiefern, die durch den „Sandfraß" immer dichter an die Küste heranrücken und einmalige Fotomotive abgeben.

Zingst kann man über eine malerische Brücke von Barth aus erreichen. Der Badebetrieb begann im Seebad Zingst Ende des vorigen Jahrhunderts, nahm aber erst nach dem Zweiten Weltkrieg richtigen Aufschwung.

***Oben:*** *Historischer Brunnenbau „Wasserkunst" auf dem Marktplatz von Wismar.*
***Links:*** *Der Thomas-Altar aus dem 15. Jh. in der Nikolaikirche von Wismar.*
***Top:*** *Ornate historical fountain "Wasserkunst" on Wismar market place.*
***Left:*** *The 15th century Thomas altar in St. Nicholas' Church, Wismar*

**Hansestädte der Ostsee**

Der norddeutsche Städtebund der Hanse sicherte seinen bis zu 100 Mitgliedsstädten im 13. und im 14. Jahrhundert die wirtschaftliche Vormachtstellung im Nordseeraum, und noch ausgeprägter seit dem Sieg der Hanse über Dänemark im Jahre 1370 im Ostseeraum. Der Wohlstand der Hanse brachte eine reiche Städtekultur zur Entfaltung, für die Lübeck, Wismar, Rostock und Stralsund typische Beispiele bieten.

Lübeck ist zweifelsohne die bedeutendste der Hansestädte an der Ostsee – auch architektonisch. Ihre Altstadt mit der markanten Silhouette aus sieben Türmen zwischen Trave und Wakenitz und mit der geschlossen erhaltenen vorindustriellen Bausubstanz ist ein Musterbeispiel hanseatischer Stadtplanung und ist wegen des Bestandes an originaler Bausubstanz von der UNESCO als Weltkulturerbe anerkannt. Ihr Kern zeigt hochgotische Strukturen, die in der Parzellierung und etwa in der Aufreihung gleichartiger Giebelhäuser mit gleichartigen Dachwerken und Hochblendgiebeln zum Ausdruck kommen. Das Stadtgefüge, das sich im Westen mit den Häusern der wohlhabenden Kaufleute und im Osten durch eine Gebäudesubstanz für Kleingewerbe und Handwerk manifestiert, kann noch heute nacherlebt werden.

Zentrum der Hansestadt Wismar ist der große Marktplatz, umsäumt von vielen schönen Giebelhäusern. An der Ostseite steht der „Alte Schwede“, das älteste Bürgerhaus der Stadt – ein Prachtbau der Backsteingotik.

Rostock war im 14. und 15. Jahrhundert nach Lübeck die zweitwichtigste Hansestadt an der Ostsee. Die 1942 stark zerstörte Stadt wird immer noch durch altertümliche Viertel und durch viele bedeutende Bauten der Backsteingotik, leider aber auch durch Bausünden aus der DDR-Zeit, geprägt. Am Neuen Markt stehen die historischen Giebelhäuser, das Rathaus mit den sieben Giebeln sowie die mit gotischen Kunstschätzen reich ausgestattete Marien-

*RECHTS:* *Makrelen im Räucherofen, eine Delikatesse.*
*UNTEN:* *Hafen am Querkanal von Stralsund mit der Nikolaikirche.*

*RIGHT:* *Mackerel in a smoke oven, a popular delicacy.*
*BOTTOM:* *Harbour on Stralsund's Querkanal with St. Nicholas' Church.*

kirche. Weitere bedeutende Kirchen sind die Nikolaikirche aus dem 13. bis 15. Jahrhundert, die Petrikirche sowie die Heilig-Kreuz-Kirche aus dem 14. Jahrhundert mit einem Hochaltar von 1450.

Das Zentrum Stralsunds bildet der Alte Markt. Hier stehen das Rathaus aus dem 13. bis 15. Jahrhundert und direkt daneben die Nikolaikirche aus der gleichen Epoche – beides Meisterwerke der Backsteingotik.

**Rügen – Deutschlands größte Insel**

Knapp 1000 Quadratkilometer Fläche misst Deutschlands größte Insel, die mit den klassizistischen Bauten von Fürst Wilhelm Malte I. von Putbus und dem Jagdschloss Granitz kulturhistorisch interessante Sehenswürdigkeiten aufweist. Noch interessanter sind die frühgeschichtlichen Großsteingräber, die sich hier derart häufen wie an keiner anderen Stelle in Norddeutschland.

Im Süden durch den Greifswalder Bodden und im Südwesten durch den Strelasund vom vorpommerschen Festland getrennt, besteht Rügen aus einzelnen Kreide- und Moränenkernen mit Steilküsten, die durch Nehrungen verbunden sind und Halbinseln bilden. Diese zauberhafte Landschaft hat schon immer Künstler angezogen – allen voran Caspar David

*RECHTS: Der Timmendorfer Leuchtturm auf der Insel Poel.*

*UNTEN: Ein sogenanntes Zeesenboot, früher als Fischereiboot genutzt, jetzt ein Freizeitboot.*

*RIGHT: Timmendorf lighthouse on the island of Poel.*

*BOTTOM: A so-called "zeesenboot", a former fishing boat now used for leisure.*

Friedrich, den großen Maler der Romantik, den es immer wieder nach Rügen zog. Sein weltbekanntes Bild von der Kreidesteilküste lässt heute noch die Touristen zum Königsstuhl nördlich von Saßnitz pilgern.

**Die Mecklenburger Seenplatte**

Als Teil der geologischen Formation des Baltischen Landrückens ist Mecklenburg durch eine abwechslungsreiche Landschaft aus Seen und Hügeln gekennzeichnet. Dieses als Mecklenburgische Seenplatte bezeichnete Gebiet zwischen Elbe-Lübeck-Kanal und Oder ist ein Relikt der letzten Eiszeit, die hier über 1000 Seen hinterlassen hat, deren größter der Müritz ist. Die Endmoränen gestalteten im Süden des Gebietes eine eher kuppige Landschaft, wohingegen die Grundmoränenlandschaft nur wenig ausgeprägte Hügel und vor allem ebene Geländeformen hervorgebracht hat.

Mecklenburg-Vorpommern ist das am dünnsten besiedelte Gebiet der Bundesrepublik. Seine weite Landschaft präsentiert sich dem Besucher mit idyllischen Dörfern, endlosen Wäldern zwischen den vielen Seen, mit herrlichen alten Backsteinbauten und noch manchen baumbestandenen Kopfsteinpflasterstraßen, alten Gutshäusern, Herrensitzen und Schlössern.

**Backsteingotik**

Mit Backsteinen haben schon die alten Ägypter und die Römer gebaut, und im islamischen Bereich wurden gebrannte Ziegel zur Ummantelung eingesetzt. In der mit geeignetem Baumaterial wenig gesegneten Norddeutschen Tiefebene brachte die Beschränkung auf die Möglichkeiten des Ziegelbaus mit der Backsteingotik einen eigenständigen Baustil hervor. Besonders in Mecklenburg finden sich viele Zeugnisse dieser Baukultur.

**OBEN:** *„Großer Zicker" der Halbinsel Mönchgut auf Rügen.*
**UNTEN:** *Fischerboot vor der Halbinsel Mönchgut, Rügen.*
**TOP:** *"Großer Zicker" on the Mönchgut peninsula, Rügen.*
**BOTTOM:** *Fishing boat off the Mönchgut peninsula, Rügen.*

Die wuchtigen Bauformen der Backsteingotik wurden durch Fassadenornamentik mit farbig glasierten Ziegeln aufgelockert – besonderes Kennzeichen sind die mit Spitzbogenblenden und Maßwerk geschmückten Schaugiebel.

Eines der schönsten Beispiele der Mecklenburger Backsteingotik bietet das Münster von Bad Doberan,

Steilküste am Wissower Ufer der Insel Rügen.
Steep cliffs of Wissow on the island of Rügen.

die Kirche des hier Ende des 12. Jahrhunderts gegründeten Zisterzienserklosters. Die dreischiffige Basilika wurde zwischen 1294 und 1268 errichtet und besitzt eine reiche Innenausstattung. Von den gotischen Klostergebäuden sind noch das Beinhaus, das Kornhaus und das Brauhaus erhalten.

## THE COAST

The German North Sea coast, which is undoubtedly one of the most interesting landscapes in Europe, regularly changes its appearance in its constant battle with the whims of nature. The creation of the North and East Friesian Islands constitutes part of this process of change. The so-called Halligen which are part of the North Friesian group of Islands and which were created after huge tidal waves in the North Friesland region in the Middle Ages are a special sort of island, the likes of which are not to be found anywhere else in the world.

The coast has always presented its inhabitants with a challenge. Even in the early Middle Ages the people who lived in this area started to do trade with their neighbours. This led to the creation of the Hanseatic League in the 13th and 14th centuries which brought prosperity not only to the towns as trading centres but also to the rural regions between the Elbe and Weser estuaries and on the Baltic Sea coast with Hamburg and Bremen the most impressive Hanseatic towns in the North Sea region.

But, the North Sea hinterland, too, has charming landscapes to offer like, for example, the Alte Land in the Elbe Marshes just outside Hamburg with its splendid brick farmhouses and town houses or the East Friesland region with its small towns where the houses are also built of brick.

The Baltic Sea coast from Flensburg to Wolgast shows its many facets – firths and bays, bights and haffs with the most beautiful beaches imaginable in between.

The Flensburg and Kiel firths are valleys formed during the Ice Ages deeply carved out of the Schleswig-Holstein geest ridge which are now flooded by the Baltic Sea. Formed in the same way and perhaps not quite as impressive, but nevertheless all the more charming is the Schlei. South of this we find the

Hohwacht and the Lübeck Bays as well as their hinterland with the region known as Holstein Switzerland with its many lakes. The coast of Mecklenburg is characterised by long beaches which alternate with steep cliff-like coastline. Small bays full of brackish water (Bodden) were formed here and protected by peninsulas and offshore Islands, like Darß, Zingst or Usedom which were formed partly by sand drifts. They form perfect biotopes for seabirds and birds of migration which are summer visitors to these shores.

The castles and manor houses in East Holstein and above all the Hanseatic towns on the Baltic Coast are of great charm. Lübeck, with its attractive town centre, is well worth a visit as are Wismar, Rostock, Stralsund and Greifswald, all of which have magnificent buildings, thus providing evidence of the former prosperity of the Baltic Hanseatic League. The island of Rügen is off the Baltic Coast. With an area of almost 1,000 square kilometres it is Germany's biggest island. It has several things of interest to offer both in the way of natural beauty and from a cultural point of view: steep cliff coastlines, prehistoric megalithic burial places and not least the buildings designed in the Classicist style by Prince Wilhelm Malte I of Putbus.

***Oben:*** *Bootshäuser an einem der zahlreichen mecklenburgischen Seen.*
***Rechte Seite:*** *Westfassade vom Münster des Zisterzienserklosters in Bad Doberan.*
***Unten:*** *Imposante Backsteingotik im Münster der Klosterabtei von Bad Doberan.*

***Top:*** *Boat houses on one of the numerous Mecklenburg lakes.*
***Right page:*** *Western façade of the Bad Doberan Minster, the church of the former Cistercian abbey.*
***Bottom:*** *Impressive Gothic brickwork in the Minster of the abbey in Bad Doberan.*

# DIE NORDDEUTSCHE TIEFEBENE

### Am Niederrhein

Nachdem der Rhein die Mittelgebirgsschwelle bei Bonn passiert hat, tritt er in die Norddeutsche Tiefebene ein. Ab hier bildet er bis zur holländischen Grenze die Niederrheinische Bucht, ein tektonisches Absenkungsgebiet, das von eiszeitlichen Moränen- und Sandablagerungen sowie von Flussablagerungen wie Schottern und Aulehmen aufgefüllt wurde.

### Tiefland am Unterlauf des Rheins

Für die Römer bildete der Rhein die Grenze ihrer Provinz *Germania Inferior*, denn ihren Versuchen, die Germanen in ihrem Kernsiedlungsgebiet östlich des Rheins zu unterwerfen, war kein dauerhafter Erfolg beschieden. Die *Colonia Ulpia Traiana*, das heutige Xanten, zeugt in eindrucksvoller Weise von ihrem Bemühen, sich hier im hohen Norden Deutschlands festzusetzen und gegen die Germanen zu behaupten. Das Nibelungenlied weist im übrigen Xanten als die Heimat Siegfrieds aus.

Am Ende der unruhigen Völkerwanderungszeit verlagerte sich der Schwerpunkt des Frankenreichs an den Niederrhein, und Karl der Große machte Aachen gar zum Mittelpunkt seines Römischen Reiches Deutscher Nation. Zum Ende des Mittelalters zerfiel das Niederrheingebiet in zahlreiche Einzelterrito-

**LINKS:** *Nachbau des römischen Hafentempels im archäologischen Park in Xanten.*
**UNTEN:** *Römische Statue im Museum von Xanten.*
**RECHTS:** *Xantener Dom St.Viktor.*
**LEFT:** *Replica of the Roman harbour temple in the Archaeological Park in Xanten.*
**BOTTOM:** *Roman statue in Xanten's museum.*
**RIGHT:** *St. Victor's Cathedral, Xanten.*

**OBEN:** *Landschaftspark Duisburg Nord mit historischer Industrieanlage.*
**LINKS:** *Förderturm der Zeche Zollverein in Essen, ein Industriedenkmal des Weltkulturerbes der UNESCO.*
**TOP:** *North Duisburg Landscape Park with historical industrial complex.*
**LEFT:** *Zollverein coal mine industrial complex in Essen, an industrial monument on the UNESCO World Heritage list.*

rien. Das mächtige Köln verlor im Jahr 1288 in der Schlacht von Worringen gegen eine Koalition erstarkter Gegner die Vorherrschaft im Gebiet. Im 14. und 15. Jahrhundert avancierten die Grafschaften Geldern, Jülich und Kleve zu Herzogtümern. Ihre wirtschaftliche Kraft zogen sie aus dem expandierenden Textilgewerbe auf der Basis von Flachsanbau, einem blühenden Handel und der erstarkten Wirtschaft ihrer Städte. Düsseldorf, seit Ende des 15. Jahrhunderts Residenz der Herzöge von Jülich-Berg, erlebte seine große Blüte unter Herzog Johann Wilhelm, im Volksmund auch Jan Wellem genannt. Nach den Napoleonischen Kriegen fiel das Niederrheingebiet an Preußen und bildet heute einen wichtigen Teil des Bundeslandes Nordrhein-Westfalen.

### Im Ruhrkohlenrevier

Im Laufe seiner Geschichte hat sich der Industriebezirk des Ruhrgebietes immer weiter nach Norden ausgedehnt und erstreckt sich heute als Band ineinander übergehender Städte vom linksrheinischen Teil Duisburgs bis Dortmund. Entsprechend der historischen Entwicklung des Bergbaus hat sich eine Gliederung des Ruhrgebietes nach der Kohleschich-

tung in vier Zonen ergeben. Die südliche Ruhrzone mit den Städten Hattingen und Witten ist die älteste Bergbauzone, in der Kleinbetriebe dominierten, die inzwischen weitgehend stillgelegt sind.

Dieses Gebiet hat sich längst zur Wohn- und Erholungslandschaft der weiter nördlich gelegenen Industrieballungsräume entwickelt. Nördlich schließt sich die Hellwegzone mit den Städten Essen, Bochum und Dortmund an, die bis in die 1950er Jahre durch Bergbau geprägt wurde und in der heute noch Eisen verarbeitende Industrie angesiedelt ist. Es folgt die Emscherzone mit Duisburg, Oberhausen, Gelsenkirchen und Herne, wo die Großbetriebe des Bergbaus, der Eisen-, Stahl- und chemischen Industrie ihren Sitz haben. In der nördlichsten Lippezone mit Dorsten, Recklinghausen und Marl dominieren Großzechen und Großbetriebe der chemischen Industrie.

**Der Aachener Dom**

Den Kern des um 780 von Odo von Metz begonne-

**Oben:** *Stadion im Borussia-Park in Mönchengladbach.*
**Rechts:** *Teilansicht des Doms zu Aachen. Das im Zentrum des Doms gelegene karolingische Oktagon ließ Karl der Große gegen Ende des 8. Jahrhunderts als Kapelle der Aachener Kaiserpfalz errichten.*
**Unten:** *Kaiserthron im Aachener Dom.*
**Top:** *Borussia Park Stadium in Mönchengladbach.*
**Right:** *Partial view of Aachen Cathedral.*
**Bottom:** *Imperial throne in Aachen Cathedral.*

**Oben:** *Abendliches Köln mit dem Dom und der Hohenzollernbrücke.*
**Rechts:** *Kneipenschilder in der Kölner Altstadt.*
**Top:** *Cologne by night with the cathedral and Hohenzollern Bridge.*
**Right:** *Pub signs in Cologne's Old Town.*

nen Aachener Doms bildet die um 800 geweihte Pfalzkapelle, ein achteckiger Zentralbau mit sechzehnseitigem, zweigeschossigem Umgang. Das Obergeschoss mit dem Thron war für den Herrscher und sein Gefolge bestimmt. Östlich schließt sich an den karolingischen Bau die 1355 begonnene gotische Hochchorhalle an, im Westen die karolingische Vorhalle, das sogenannte Westwerk, und der gotische Turm.

Die Pfalzkapelle stellte die endgültige Abkehr von der vormaligen germanischen Holzbauweise dar. Karl der Große übernahm mit diesem Bau die architektonischen Traditionen der klassischen Antike und aus Byzanz. In dieser Pfalzkapelle wurden in einem Zeitraum von 600 Jahren 30 deutsche Könige gekrönt.

## 2000 Jahre Köln

Etwa 50 v. Chr. siedelten die Römer den germanischen Volksstamm der Ubier an das linke Rheinufer um. Hier errichteten sie auch ein Legionslager, das Agrippina, die Gemahlin Kaiser Claudius, um 50 n. Chr. zu einer Veteranenstadt erweiterte. Ihr zu Ehren erhielt diese Stadt, später auch Sitz des Statthalters der Provinz Niedergermanien, den Namen *Colonia Claudia Ara Agrippinensium*. Reste der römischen Stadtbefestigung, des Prätoriums und des Kaiserpalastes unter dem Rathaus erinnern noch an diese erste glanzvolle Epoche der Stadt.

Berühmtestes Bauwerk Kölns ist sein Dom, die bedeutendste gotische Kirche Deutschlands. Der Chor und das dreischiffige Querhaus wurden nach dem Vorbild der Kathedrale von Amiens, aber mit fünfschiffigem Langhaus errichtet. Am 1248 begonnenen Bau wurde bis 1560 gearbeitet, dann ruhten die Arbeiten bis in das 19. Jahrhundert. Die endgültige Fertigstellung erfolgte zwischen 1842 und 1880 nach den wieder gefundenen Plänen.

**Oben:** *Die Königsallee oder „Kö", Düsseldorfs Prachtstraße.*
**Rechts:** *Lambertus-Kirche und Schlossturm in Düsseldorf.*
**Unten:** *Altes Rathaus mit Reiterstandbild von Jan Wellem in Düsseldorf.*

**Top:** *Königsallee or "Kö", Düsseldorf's boulevard.*
**Right:** *St. Lambert's Church and castle tower in Düsseldorf.*
**Bottom:** *The Old Town Hall with equestrian statue by Jan Wellem in Düsseldorf.*

Weniger spektakulär, aber kunstgeschichtlich nicht minder bedeutend sind die romanischen Kirchen Kölns. Zu den bedeutendsten und architektonisch wertvollsten zählt Groß St. Martin (12.–13. Jh.) mit seinem mächtigen, die Rheinsilhouette Kölns bestimmenden Vierungsturm, St. Gereon (4.–13. Jh.) und St. Pantaleon (10.–17. Jh.). Von den wichtigsten mittelalterlichen Profanbauten Kölns seien das Overstolzenhaus (13. Jh.), das Rathaus (15.–16. Jh.), der Gürzenich sowie die Reste der Stadtbefestigung erwähnt.

**Elegantes Düsseldorf**
Oft als Weltstadt mit rheinischem Charme beschrieben, ist Düsseldorf auch die Stadt der Schlösser (in Kaiserswerth und in Benrath) und der Museen (u.a. die Kunstsammlung Nordrhein-Westfalen und das Kunstmuseum der Stadt). Bedeutende historische Sakralbauwerke sind die gotische Hallenkirche St. Lambertus (13./14. Jh.) und die Pfarrkirche St. Andreas aus der Übergangszeit der Spätrenaissance zum Frühbarock. Die Königsallee mit ihren eleganten Geschäften und die Hofgartenstraße sind architektonische Beispiele für den Klassizismus in Deutschland. Das neue Schauspielhaus wie etwa auch das Thyssen-Hochhaus repräsentieren den modernen Baustil der Zeit nach dem Zweiten Weltkrieg.

*__Oben:__ Schloss Drachenburg auf dem Drachenfels in Königswinter.*
*__Unten:__ Das Kurfürstliche Schloss in Bonn ist heute Universität.*

*__Top:__ Drachenburg Castle on the Drachenfels (Dragon's Rock) in Königswinter.*
*__Bottom:__ Today, the Electoral Palace in Bonn is a university.*

**Oben:** *Schloss Augustusburg in Brühl.*
**Rechts:** *Beethoven-Statue vor dem Alten Postamt in Bonn.*
**Top:** *Augustusburg Palace in Brühl.*
**Right:** *Statue of Beethoven in front of the Old Post Office in Bonn.*

### Kurfürstliche Residenzen

1288 erlangte die Stadt Köln in der Schlacht von Worringen einen reichsunmittelbaren Status – die Erzbischöfe verloren damit die weltliche Macht über Köln und residierten seither in Brühl und Bonn. Kurfürst Clemens August ließ auf den Fundamenten einer wehrhaften Wasserburg das Jagdschloss Augustusburg errichten. Architekt der ersten Bauphase war der westfälische Architekt Johann Conrad Schlaun, der in der zweiten Bauphase durch François de Cuvilliés, einem Meister des Rokoko, abgelöst wurde. In das Ensemble von Schloss und Schlossgarten fügte er noch das kleine Jagdschloss Falkenlust ein, das er durch eine Allee mit Augustusburg verband.

### Bundesstadt Bonn

Knapp ein halbes Jahrhundert währten die Bonner Hauptstadtträume – bis die Wiedervereinigung Deutschlands Berlin in seine frühere Hauptstadtfunktion zurückführte.

Die Stadtentwicklung Bonns geht auf das Römerlager *bonna* zurück, das am strategisch wichtigen Austritt des Rheins aus dem Mittelgebirge in die Rheinische Tiefebene angelegt worden war. Im Mittelalter entwickelte sich die Stadt um die Märtyrerkirche St. Cassius und Florentius, wo heute das imposante Bonner Münster (11.–13. Jh.) steht.

Die Kölner Kurfürsten bauten Bonn ab dem 16. Jahrhundert zu ihrer Prunkresidenz aus, deren Kern das zwischen 1686 und 1717 neu errichtete Schloss bildete. Zum Kurfürstlichen Barockensemble zählen darüber hinaus das Poppelsdorfer Schloss (1715–53), das Rathaus (1737–38) und die Kreuzbergkirche mit der Heiligen Stiege von Balthasar Neumann (1746–57).

## WESTFALEN

Das Münsterland ist geographisch gesehen ein Teil der Norddeutschen Tiefebene, die hier im westfälischen Bereich buchtartig in die Mittelgebirgslandschaft hineinreicht. Es ist altes Siedlungsgebiet, das seit vielen Tausend Jahren bewohnt wird – jungsteinzeitliche Großgräber zeugen von der vorgeschichtlichen Kulturepoche. Das Münsterland erstreckt sich von der Lippe im Süden bis zum Emsland und Teutoburger Wald im Norden, von der Issel und dem Naturpark Hohe Mark bis zur holländischen Grenze im Westen und fast bis Rheda-Wiedenbrück im Osten. Neben fruchtbaren Aufschüttungsböden eiszeitlichen Ursprungs und ergiebigen Verwitterungsböden aus der erdgeschichtlichen Epoche der Kreidezeit, sind auch trockene Sandgebiete und Moore vertreten, die das abwechslungsreiche Gesicht der teilweise ebenen und dazwischen immer wieder hügeligen münsterländischen Landschaft bestimmen.

Im West-Münsterland herrschen Schichtstufen aus Kreidekalken und Kalksandsteinen neben Moor- und Heidegebieten vor, im zentralen Münsterland dominieren Kleiböden, die dann weiter östlich jenseits der Ems wieder stärker in Sandböden übergehen. Die Höhenzüge des Münsterlandes, wie etwa die Beckumer Berge und die Baumberge, ragen nicht über 200 Meter empor.

### Land der Wasserburgen und Wasserschlösser

Wo den Landesherren keine geeigneten Bergspitzen zum Bau von Verteidigungsanlagen zur Verfügung gestanden haben, erhöhten sie die Wehrhaftigkeit der Burgen mit Wassergräben. Viele dieser Anlagen wurden deshalb als sogenannte Motten angelegt, bei denen der Grabenaushub zu einem Erdhügel aufgehäuft wurde, auf dem dann der Wohn- und Wehrbau errichtet wurde.

Im Laufe der Geschichte erwuchsen aus diesen Bauten hochherrschaftliche Wasserschlösser, mit denen das Münsterland besonders reich gesegnet ist. Gut 100 dieser Wasserschlösser gibt es hier heute noch – von der prächtigen fürstbischöflichen Residenz bis zu eher bäuerlich anmutenden Herrenhäusern reicht das breite Spektrum dieser architektonischen Hinterlassenschaften.

***Links:*** *Der Königssaal im Schloss Detmold.*
***Unten:*** *Teilansicht des barocken Wasserschlosses Nordkirchen bei Münster.*
***Left:*** *The King's Chamber in Detmold Castle.*
***Bottom:*** *Partial view of the baroque moated castle in Nordkirchen near Münster.*

**OBEN:** *Die Oberburg vom Wasserschloss Raesfeld.*
**UNTEN:** *Wasserschloss Lembeck im Naturpark Hohe Mark bei Dorsten.*

**TOP:** *The Upper Castle of Raesfeld Castle.*
**BOTTOM:** *Lembeck Castle (with moat) in Hohe Mark Nature Park near Dorsten.*

**OBEN:** *Die Externsteine im Teutoburger Wald, einst germanische Kultstätte.*
**RECHTS:** *Das Rathaus von Lemgo, ein UNESCO-geschütztes Juwel der Weserrenaissance.*
**TOP:** *The Externsteine (a rock formation) in Teutoburg Forest, once a Germanic place of worship.*
**RIGHT:** *Lemgo Town Hall, a UNESCO-protected jewel of the Weser Renaissance period.*

Darunter gilt Schloss Nordkirchen bei Lüdinghausen als der großzügigste Barockbau, dessen Gartenanlage wir dem berühmten Baumeister des Münsterlandes, Johann Conrad Schlaun, verdanken.

Schlaun entwickelte einen eigenständigen Stil des westfälischen Barocks unter Verwendung von gebrannten roten Ziegeln und gelbem Haustein als Gestaltungselemente. Schloss Nordkirchen wird auch gerne als das westfälische Versailles bezeichnet.

### Münster

Zentrum des Münsterlandes ist die Universitätsstadt Münster. Hier, an einem geeigneten Übergang der Aa, errichtete Karl der Große am Ende des 8. Jahrhunderts ein Bistum als Missionsstation – daher auch der Stadtname, der sich vom lateinischen *monasterium* (= Kloster) ableitet. Im 12. Jahrhundert erhielt Münster Stadtrecht, im 14. Jahrhundert war die

**RECHTS:** *Das Denkmal von Hermann dem Cherusker erinnert an die Varusschlacht.*

**RIGHT:** *The monument of Hermann the Cheruscan in remembrance of the Battle of Varus.*

Stadt Mitglied der Hanse. 1648 wurde in Münster (und in Osnabrück) der Westfälische Friede geschlossen, der dem Dreißigjährigen Krieg ein Ende setzte.

Die malerische Altstadt Münsters wurde im Zweiten Weltkrieg weitgehend zerstört, jedoch stilgerecht wieder aufgebaut. So beherrschen auch heute noch die Lauben- und Giebelhäuser aus der Zeit der Gotik und der Renaissance das Bild der Innenstadt, insbesondere am Prinzipalmarkt. Besonders erwähnenswert ist das gotische Rathaus, in dessen „Friedenssaal" der Westfälische Friede geschlossen wurde.

Unter den Sakralbauten Münsters ist vor allem der im 13. Jahrhundert auf ottonischen Fundamenten errichtete St. Paulus Dom zu erwähnen. Auch die spätgotischen Hallenkirchen St. Lamberti und Liebfrauen, auch Überwasserkirche genannt, weil sie in Überwasser links der Aa liegt, und natürlich die 1745–53 von J. C. Schlaun errichtete Clemenskirche sind von Bedeutung. Bemerkenswert sind die barocken Adelshöfe der Stadt, so der Erbdrostenhof aus dem Jahre 1757.

**UNTEN LINKS:** *Turm der Lambertikirche in Münster.*
**UNTEN:** *Der imposante Innenbau der spätgotischen Sankt Lamberti-Kirche.*

**BOTTOM LEFT:** *Steeple of St. Lambert's Church in Münster.*
**BOTTOM:** *St. Lambert's impressive late-Gothic interior.*

## IM HEIDESAND

Das Nordwestdeutsche Tiefland erstreckt sich als 50 bis 150 Kilometer breiter Landschaftsstreifen zwischen Maas und Elbe, dessen Gestalt von der Kraft der eiszeitlichen Gletscher geformt wurde. Charakteristisch für diese Tieflandzone sind ihre sandigen Geestplatten aus den älteren Vereisungsperioden. Jüngere eiszeitliche Ablagerungen haben das so entstandene Relief teilweise zugeschüttet und ausgedehnte feuchte und vermoorte Niederungen entstehen lassen. Die Schmelzwasser bildeten breite Ströme, die heute noch als Urstromtäler – wie etwa das Aller-Weser-Urstromtal oder das Unterelbe-Tiefland – sichtbar sind. Mit der Niederrheinischen und der Münsteraner Bucht schiebt sich das Nordwestdeutsche Tiefland weit südwärts in die Mittelgebirgszone hinein. Hier, an der Schwelle zu den Mittelgebirgen, haben eiszeitliche Lössanwehungen fruchtbare Börden hinterlassen, wie etwa die Rheinische Börde von Zülpich, die Hellwegbörden und die Hildesheimer Börde.

### Oldenburger Land

Als Teil der Nordwestdeutschen Tiefebene bestehen die meerseitigen Landstriche des Oldenburger Land aus Marschland, die südwärts in die schon vorgeschichtlich besiedelte Geest mit ihren sandigen und moorigen Flächen übergehen. Das Oldenburger Land ist durch intensive Landwirtschaft gekennzeichnet. Im Marschland dominiert die Rinderhaltung und Milchproduktion, auf der Geest die Schweineproduktion. Ganz im Süden wird Pferdezucht betrieben. Das Oldenburger Pferd ist ein kräftiges Warmblutpferd, häufig im Typ eines edlen Halbblutpferdes, meist dunkelbraun oder schwarz, mit einem Stockmaß von 160 Zentimetern.

Die Stadt Oldenburg spiegelt die Geschichte seines Herrschaftshauses wider. Den Kern seiner von Wasserläufen umgebenen Altstadt bildet das Oldenburger Renaissanceschloss. Der 1607–20 errichtete Bau ersetzte die ehemalige Wasserburg der Oldenburger Grafen, und erhielt im 18. und 19. Jahrhundert als Residenz der Herzöge, zu denen sie inzwischen avanciert waren, zahlreiche Erweiterungen. Der Schlossgarten wurde Anfang des 19. Jahrhunderts zum englischen Landschaftsgarten umgestaltet.

### Museumsdorf Cloppenburg

Der Cloppenburger Heimatforscher H. Ottenjann legte 1934 den Grundstein für das Cloppenburger Museumsdorf, das größte seiner Art in Deutschland. Auf einer Fläche von 15 Hektar wurden niedersächsische Bauernhäuser aus dem 16. bis 19. Jahrhundert wieder aufgebaut und originalgetreu eingerichtet. Das wohl schönste der 80 Gebäude der Anlage ist der Quatmannshof aus dem Jahre 1805, mit seiner eindrucksvollen Fachwerkfassade und dem weit vorragenden Giebel.

### Braut und Bräutigam von Visbek

Wildeshausen, knapp 30 Kilometer südlich von Oldenburg gelegen, beherbergt mit der St.-Alexander-Kirche ein meisterliches Bauwerk aus der Übergangszeit der Spätromanik zur Frühgotik. Auffallend ist das auf einem Findlingssockel errichtete Mauerwerk des Südflügels. Im Inneren findet man einmalig schöne Wandmalereien aus dem frühen 15. Jahrhundert.

*OBEN: Ausstellungshalle Münchhausenscheune, Zehntscheune des Amtes Aerzen (1561) im Freilichtmuseum Cloppenburg.*
*LINKS: Oldenburger Pferde auf der Koppel.*
*TOP: Exhibition hall Münchhausenscheune, tithe barn of Aerzen (1561) in Cloppenburg Museum Village.*
*LEFT: Oldenburg horses in the paddock.*

**LINKS:** *Naturpark Wildeshauser Geest, prähistorisches Steingrab „Visbeker Braut".*
**UNTEN:** *Unberührte Moorlandschaft in der Heide.*
**LEFT:** *Wildeshauser Geest Nature Park, prehistoric stone grave "Visbeker Braut".*
**BOTTOM:** *Untouched moor landscape on the Heath.*

Die Heidelandschaft im Umkreis von Wildeshausen birgt eine Reihe vorgeschichtlicher Kultstätten. Hier sind verschiedene Gräber aus der Jungsteinzeit, Bronze- und frühen Eisenzeit erhalten. Das Pestruper Gräberfeld südlich von Wildeshausen beherbergt etwa 500 Gräber und zusätzlich noch einzelne Königshügel mit 30 Meter Durchmesser und 1,20 Meter Höhe. Die älteren Gräber befinden sich westlich von Wildeshausen, es handelt sich hier um Massengräber, in denen Sippen oder ganze Dorfgemeinschaften bestattet worden sind. Mehrere der großen Steine sind zu Grabstätten zusammengefasst – eine solche 100 Meter lange Gruppe wird als Visbeker Bräutigam, die 80 Meter lange als Visbeker Braut bezeichnet.

## Lüneburger Heide

Die Lüneburger Heide – eine der faszinierendsten Landschaften Deutschlands – ist von Menschenhand geschaffen worden. Die Entwicklung der Umwandlung einer Naturlandschaft in eine Kulturlandschaft setzte bereits in vorgeschichtlicher Zeit ein. Ihr heutiges Aussehen verdankt die Heide dem menschlichen Raubbau an der Natur.

Als sich die eiszeitlichen Gletscher vor etwa 10000 Jahren aus der heutigen Lüneburger Heide zurückgezogen hatten, hinterließen sie ein hügeliges Relief, dessen Boden mit Sandschichten und Gesteinsbrocken bedeckt war. Zunächst breitete sich eine Tundravegetation aus, die aber mit der weiteren Erwärmung des Klimas einer zunehmenden Bewaldung wich. Schon vor 6000 Jahren begannen die Menschen hier erste Lichtungen zu schlagen. Doch diese Eingriffe veränderten das Landschaftsbild noch nicht grundsätzlich. Erst als im Mittelalter die Holznachfrage durch Erzaufbereitung, Schiffbau, Glashütten und den enormen Feuerungsbedarf nachhaltig anstieg, wurden die Wälder zunehmend gerodet. Vor allem aber wirkte sich die Erschließung der Salzlagerstätten von Lüneburg aus – die Salinen fraßen

sozusagen das Holz der näheren und weiteren Umgebung auf. Auf den nunmehr kahl geschlagenen Sandböden breiteten sich Heideflächen aus, durchsetzt von Wacholder und Birken. Die Bauern nutzten die Heideflächen als Weide für ihre Schafe. Den genügsamen Tieren reichte dieses Futter, aber sie ließen keine andere Vegetation mehr heranwachsen – so stellt sich die Heide auch heute noch am Wilseder Berg dar. Ein Heidepastor namens Wilhelm Bode war es übrigens, der 1910 den Verein Naturschutzpark gründete, und große Heideflächen am Wilseder Berg aufkaufte. 1921 wurde dieses Gelände zum ersten deutschen Naturschutzpark erklärt.

### Das Salz von Lüneburg

Lüneburg verdankt seinen Wohlstand den Salinen. Im 8. Jahrhundert an einer Furt der Ilmenau entstanden, erhielt der Ort 1247 Stadtrecht und trat 1372 der Hanse bei. Den damaligen Reichtum seiner Bürger kann man heute noch an der Bausubstanz der Häuser des Stadtkerns erkennen.

Lüneburg ist die einzige fast unzerstörte Stadt der norddeutschen Backsteingotik. Besonders sehenswert sind die St.-Johannis-Kirche aus dem 14. und 15. Jahrhundert, die Nikolaikirche von Anfang des 15. Jahrhunderts, das Rathaus mit der einmaligen gotischen Gerichtslaube von 1330 und der Großen Ratsstube mit Renaissance-Schnitzerei. Einmalig sind auch die alten Bürgerhäuser, so das Kronen-Brauhaus in der Heiligengeiststraße, das Glockenhaus in der gleichnamigen Straße sowie die Ratsapotheke in der Kleinen Bäckerstraße.

***LINKE SEITE:*** *Schäfer mit Heidschnuckenherde und Schafstall in der Lüneburger Heide.*
***OBEN:*** *Trachtengruppe beim Tanz vor einem typischen Heidehaus.*
***UNTEN:*** *Brücke über die Ilmenau und historischer Kran in der Heidestadt Lüneburg.*

***LEFT PAGE:*** *Shepherd with flock of black-faced heath sheep and sheep pen on Lüneburg Heath.*
***TOP:*** *Dancers in traditional dress in front of a house typical for the Heath.*
***BOTTOM:*** *Bridge over the Ilmenau and historic crane in Lüneburg.*

**Oben:** *Walsrode in der Lüneburger Heide, bekannt durch sein Kloster und den Vogelpark.*
**Links:** *Kronenkranich im Vogelpark Walsrode.*
**Unten:** *Auch Seidenreiher bewohnen den Vogelpark.*
**Top:** *Walsrode on Lüneburg Heath, well-known for its convent and bird sanctuary.*
**Left:** *Crowned crane in Walsrode Bird Sanctuary.*
**Bottom:** *White herons are also inhabitants of the bird sanctuary.*

## Vogelpark Walsrode

Die Anfänge des Vogelparkes Walsrode gehen auf eine Privatinitiative zurück. Ende der 50er Jahre bestand hier eine Fasanen-Liebhaberzucht, zu der sich bald Wasservögel gesellten. Der Vogelbestand wurde laufend erweitert, und schon bald öffnete der Besitzer seinen Vogelzoo für Besucher. Der Vogelpark Walsrode war so attraktiv, dass bereits 1971 über 1 Million Besucher gezählt wurden. Heute kann man im Vogelpark Walsrode heimische und exotische Vögel in einer außerordentlichen Vielfalt besichtigen.

## Celle

Celle zählt zu den schönsten Fachwerkstädten, die

**OBEN:** *Das Alte Rathaus von Celle, erbaut 1579.*
**RECHTS:** *Prächtiges Fachwerk am historischen Hoppener Haus in Celle.*
**TOP:** *Old Town Hall in Celle, built in 1579.*
**RIGHT:** *Magnificent, historic half-timbered Hoppener House in Celle.*

es in Norddeutschland gibt. Der historische Stadtkern ist fast vollständig erhalten und kulturhistorisch im weitesten Sinne der Weserrenaissance zuzurechnen.

Celle liegt am Südrand der Lüneburger Heide an der Aller, die von hier flussabwärts schiffbar ist. Stadtrecht erhielt die Siedlung im Jahre 1301, und von 1371 bis 1705 war Celle Residenz der Herzöge von Braunschweig-Lüneburg.

Das besonders sehenswerte Schloss wurde 1292 begonnen und erhielt im 16. und 17. Jahrhundert seine heutige Form. Im barocken Schlosstheater finden noch heute regelmäßig Veranstaltungen statt. Nicht minder bedeutend ist die später umgebaute evangelische Stadtkirche vom Ende des 17. Jahrhunderts und das Rathaus aus dem 16. Jahrhundert.

Und was wäre Celle ohne die Hengstparade? Hier wurde im Jahre 1735 das heutige Niedersächsische Landgestüt gegründet, und seine Beschäler, womit im Fachdeutsch die Zuchthengste gemeint sind, heißen deshalb auch Landbeschäler.

## IM MÄRKISCHEN SAND

Als Teil der eiszeitlich geschaffenen Norddeutschen Tiefebene erstreckt sich die Mark Brandenburg zwischen Elbe und Oder mit den Landschaften der Prignitz, Uckermark, Mittelmark sowie dem Havelland. Im Norden wird sie von der Mecklenburgischen Seenplatte und im Süden vom Höhenzug des Hohen Fläming begrenzt. Dieser Teil des ostdeutschen Binnentieflandes wird in seiner Oberflächenform von sich abwechselnden Urstromtälern und Geestplatten gestaltet. In dieser Tiefenzone haben Havel und Spree ausgedehnte Seenplatten gebildet.

### Sanssouci – Park und Schloss von Potsdam

Das auf ehemaligen Weinbergterrassen zwischen

*__UNTEN:__ Unwirkliche Karibikstimmung am Helenesee im Land Brandenburg.*
*__RECHTS:__ Das Schloss Pfaueninsel inmitten der Havel gehört zum UNESCO Weltkulturerbe.*
*__BOTTOM:__ Surreal Caribbean atmosphere at Lake Helene in Brandenburg.*
*__RIGHT:__ Peacock Island Castle in the middle of the River Havel is a UNESCO World Heritage site.*

1745 und 1747 errichtete Schloss entstand nach Plänen von Friedrich dem Großen, der sich hier seine Sommerresidenz mit zauberhaften Gartenanlagen schuf, die er Sanssouci, „ohne Sorgen“, nannte. Der eingeschossige Bau, auch als das „Versailles Preußens“ bekannt, ist ein Hauptwerk des deutschen Rokoko, bestehend aus einer zentralen Rotunde, dem Marmorsaal, und aus zwei Seitenflügeln mit je fünf Zimmern. Es wurde im Typ eines Orangerieschlosses errichtet, das die Nachwelt dem Architekten Georg Wenzeslaus von Knobelsdorff verdankt, der die Vorstellungen Friedrichs in genialer Weise umsetzte.

Nach dem Siebenjährigen Krieg (1756–63) ließ Friedrich am äußersten Westende der 2 Kilometer langen Hauptallee das Neue Palais als Gästeschloss errichten. Abseits der Hauptallee stehen die 1851–60 als Gewächshaus erbaute Orangerie und das 1754–57 nach der Chinoiserienmode gestaltete Chinesische Teehaus.

**Kronprinzenresidenz Rheinsberg**

Nach einem verheerenden Stadtbrand im Jahre 1740 ließ Kronprinz Friedrich, der spätere Friedrich der Große, Rheinsberg, sein Wohnsitz seit vier Jahren, durch „seinen“ Architekten G. W. von Knobelsdorff wieder aufbauen. Für Kronprinz Friedrich hatte von Knobelsdorff bereits in den Jahren 1736–37 mit dem Umbau der mittelalterlichen Wasserburg in Rheinsberg zu einem dreiflügeligen Rokokoschloss mit charakteristischen Rundtürmen begonnen. Die Decken-

***OBEN:** Blick auf das Wasserschloss Groß Leuthen am Leuthener See bei Lübben im Spreewald.*
***UNTEN:** Flusslandschaft der Alten Oder bei Sophiental im Oderbruch.*
***TOP:** View of Groß Leuthen Castle (with moat) on Lake Leuthen near Lübben in the Spree Forest.*
***BOTTOM:** Riverscape of the Alte Oder near Sophiental in the Oder delta.*

malereien stammen von Antoine Pesne, die Attika-Figuren vom Bildhauer Friedrich Christian Glume.

Die jetzige Parkanlage wurde im 18. Jahrhundert nach der damaligen Mode zu einem Landschaftspark umgestaltet. Von 1763 bis 1802 diente Schloss Rheinsberg Prinz Heinrich, dem Bruder Friedrichs des Großen, als Residenz.

### Stadt Brandenburg

Die wechselvolle Geschichte der Stadt Brandenburg begann als Slawenfestung Brennabor am Fuße des Marienberges an der unteren Havel, die ihnen im 10. Jahrhundert und – endgültig – Mitte des 12. Jahrhunderts entrissen wurde.

Die heutige Stadt ist aus drei Kernen zusammengewachsen – der Altstadt, der Neustadt und der Domstadt. Das spätgotische Rathaus in der Altstadt mit Staffelgiebeln und reichem Maßwerk entstand um 1470.

Ebenfalls sehenswert ist die Gotthardkirche mit ihrem Westbau von 1200 sowie die Stadtbefestigung mit dem Rathenower und dem Flauer Turm. Die Katharinenkirche der Neustadt entstand ab 1400. Hier stehen von der Stadtbefestigung noch der Steintor- und der Mühlentorturm. Zwischen zwei Havelarmen liegt die Dominsel mit dem 1165 begonnenen Peter-und-Paul Dom.

### Spreewald

Die Untere Lausitz, seit den napoleonischen Kriegen Teil von Brandenburg-Preußen, ist ein Tiefland mit

**OBEN:** *Neuzelle in Brandenburg mit der St. Marien Abtei.*
**LINKS:** *Schloss Babelsberg am Ufer der Havel bei Potsdam.*
**UNTEN:** *Das frühklassizistische Marmorpalais am Heiligen See in Potsdam.*

**TOP:** *Neuzelle in Brandenburg with St. Mary's Abbey Church.*
**LEFT:** *Babelsberg Castle on the banks of the Havel near Potsdam.*
**BOTTOM:** *The Marble Palace in early-Classicist style by the Heiliger See (Holy Lake) in Potsdam.*

**LINKS:** *Die Katharinenkirche in Brandenburg an der Havel.*
**OBEN:** *Die begehrten Spreewälder Gurken, eine bekannte Delikatesse.*
**UNTEN:** *Kahnpartie im Spreewald bei Lübbenau in der Niederlausitz.*

**LEFT:** *St. Catherine's Church in Brandenburg on the Havel.*
**TOP:** *The popular Spree Forest gherkins, a well-known delicacy.*
**BOTTOM:** *Boat trip in the Spree Forest near Lübbenau in Lower Lusatia.*

breiten, Überschwemmungen ausgesetzten Niederungen. Mit dem Spreewald verfügt sie über eine außergewöhnliche Landschaft. Die Spree entspringt im

Lausitzer Bergland und ist mit einer Länge von 382 Kilometern der bedeutendste Nebenfluss der Havel. Sie fließt über Bautzen, Spremberg und Cottbus und spaltet sich im Spreewald in zahlreiche Arme auf. Hier im Glogau-Baruther Urstromtal bildet sie ein Gewirr von schmalen Wasseradern. Man unterscheidet zwischen dem Oberen Spreewald zwischen Cottbus und Lübben und dem Unteren Spreewald von Lübben zum Neuendorfer See. Das geringe Gefälle der Spree in diesem Bereich und die Verengung des Tales nördlich von Lübben bedingen eine Erhöhung des Grundwasserspiegels mit der Folge regelmäßiger Überschwemmungen, die nur langsam abfließen und zur Vermoorung des Gesamtgebietes beigetragen haben, deshalb ist die vorherrschende Vegetationsform der Erlenbruchwald.

Die hochwasserfreien Talsande und Spreeschwemmkegel sind altbesiedeltes Land, wohingegen die Niederungen erst seit dem 18. Jahrhundert im Rahmen beginnender Meliorationsarbeiten bewohnt wurden. Heute prägt intensiver Gemüseanbau, vor allem von Gurken und Zwiebeln, die Landwirtschaft der Region, und natürlich gewinnt der Tourismus zunehmend an wirtschaftlicher Bedeutung.

*Das historische Zeughaus Unter den Linden.*

*The historic Armoury on "Unter den Linden" boulevard.*

**Berlin – wieder Hauptstadt Deutschlands**

Inmitten der Mark Brandenburg, zwischen den Havelseen im Westen und dem Großen Müggelsee im Osten, teilt sich die Spree – die hier für einen kurzen Verlauf das eiszeitliche Warschau-Berliner-Urstromtal als Flussbett benutzt – in mehrere Arme auf. Im 13. Jahrhundert wurden die an der Spree gegenüberliegenden Marktflecken Berlin und Cölln erstmals urkundlich erwähnt. Schon im 14. Jh. stieg diese Doppelstadt zum wichtigsten Ort Brandenburgs auf. 1488 wurde Berlin Residenz der Kurfürsten von Brandenburg.

Der Große Kurfürst ließ Berlin und Cölln zur Festung mit Wall ausbauen. Nach dem Dreißigjährigen Krieg erlebte die Doppelstadt, die durch die planmäßige Anlage der Satellitenstädte Friedrichswerder, Dorotheenstadt und Friedrichstadt erweitert wurde, ihren ersten großen Aufschwung. Auch die Straße „Unter den Linden" entstand in dieser Epoche, die Friedrich der Große später zu einer Prachtstraße ausbauen ließ. 1709 wurden alle bisher noch selbst-

ständigen Stadtteile zusammengefasst. Mit dem Aufstieg Brandenburg-Preußens entwickelte sich Berlin zu einem neuen Mittelpunkt des geistigen Lebens, in dem sich Kunst und Kultur in einer ganz Deutschland prägenden Weise entwickeln konnten. Im 19. Jahrhundert wurde Berlin auch zur wirtschaftlich wichtigsten Stadt Deutschlands.

Der alte Stadtkern wurde im Zweiten Weltkrieg stark zerstört. Die Teilung hat die Stadt zwischen 1945 und 1990 auseinandergerissen. Nach der Wiedervereinigung ist sie wieder zu einer Einheit zusammengewachsen.

## THE NORTH GERMAN PLAIN

The 50–150 km wide North German Plain, formed by the might of the Ice Age glaciers, stretches from the River Maas to the River Oder. The sandy geest shelves from the early Ice Ages are a typical feature of this region. More recent Ice Age deposits covered the former landscape and have thus led to the creation of large marshy and moor-like lowlands. The melted snow and ice led to the formation of wide rivers, evidence of which is still visible today in the form of glacial valleys like the Aller-Weser-Valley or the Lower Elbe Plain. The Lower Rhine, Münster and Magdeburg basins are part of the North-West-German lowlands which stretch far south into the Mittelgebirge. Here, loamy Ice Age deposits left fertile plains (Börden) in their wake like the Rhine fertile plain near Zülpich or the Hildesheim and Magdeburg fertile plains.

One of the most characteristic landscapes in the North German Plain is the Lüneburg Heath which is, in fact, man-made. The first clearings were made here in the Stone Age and the discovery and development of salt deposits around Lüneburg used up the timber in the region. More and more heathland was formed and used as pastures for sheep which prevented the growth of any other vegetation – the evidence of this can still be seen today at Wilseder Berg. The Baltic hinterland is characterised by the Mecklenburg Lake District, a varied landscape with lakes and hills stretching between the Elbe-Lübeck-Canal and the River Oder – a relic of the last Ice Age with Lake Müritz being the biggest stretch of water. The terminal moraines led to the formation of a dome-shaped landscape in the south of the region whereas the ground moraine has produced only a

small number of hills and, above all, flatter land. The visitor to Mecklenburg sees idyllic villages, endless forests between numerous lakes, wonderful old brick buildings and even some cobbled stone roads and streets lined with trees, manor houses and many splendid castles, churches and monasteries. One of the best examples of brick buildings in the Gothic style in Mecklenburg is the minster in Bad Doberan which is the church belonging to the Cistercian monastery established there at the end of the 12th century.

Cultural centres grew up in the North German Plain particularly in the region adjacent to the foothills of the Mittelgebirge. In the Lower Rhine area, for example, we find towns, some of which were originally the sites of Roman fortresses, like Bonn, Cologne with its magnificent cathedral and its numerous important Romanesque churches, elegant Düsseldorf, and Aachen with its world-famous basilica. The Ruhr region saw the development of the first major industrial area with heavy industry in Duisburg, Essen and Dortmund. Today these towns are undergoing a far-reaching process of economic restructuring.

Westphalia is dominated by the Münsterland with its numerous moated castles like the magnificent prince bishop's residence or like the more simple rural manor houses.

In Welf country between Hanover and Braunschweig there are a number of historical buildings of great cultural interest, the most significant being Hildesheim Cathedral with its famous bronze doors. The baroque-style Herrenhäuser Garten near Hanover is a particular attraction.

The March of Brandenburg between the River Elbe and the River Oder forms the eastern part of the North German Plain – the region is sandy and infertile which is why it is often known as the "blotting sand castor of the Reich".

In the middle of the March of Brandenburg, back in the 14th century, the two small market towns of Berlin and Cölln on the opposite banks of the River Spree developed into the most important place in Brandenburg. By the end of the seventeenth century Berlin had already become a royal seat. In the 19th

***Links:*** *Das Regierungsviertel mit Kanzleramt am Spreebogen.*
***Unten:*** *Das moderne Sonycenter am Potsdamer Platz.*
***Left:*** *Government complex with the Chancellery on a bend in the Spree.*
***Bottom:*** *The modern Sony Centre on Potsdam Square.*

**LINKS:** *Berliner Kaiser-Wilhelm-Gedächtniskirche am Breitscheidplatz, alte Turmruine mit neuem Turm.*
**OBEN:** *Das Reichstagsgebäude, heute Sitz des Deutschen Bundestages in Berlin.*
**RECHTS:** *Rotes Rathaus mit Brunnen im ehemaligen Ost-Berlin.*

**LEFT:** *Kaiser Wilhelm Memorial Church on Breitscheidplatz, old tower ruins with the new tower, Berlin.*
**TOP:** *The Reichstag, today the seat of the German Bundestag (Parliament) in Berlin.*
**RIGHT:** *Red town hall with fountain in former East Berlin.*

century the industrialisation process started there which was to make Berlin the economic capital of Germany. Large parts of the old town centre with its government, administrative, business and banking districts were destroyed in the Second World War. The political division of Germany and of Berlin meant that the city was divided into two parts between 1945 and 1990, and reunification is requiring much more energy and exertions than anybody could have imagined in 1990 when Germany was reunified.

The enchanting Sanssouci Palace was built by the King of Prussia, Frederick II, whose nickname was Alter Fritz, as a summer residence on former vineyard terraces near Potsdam between 1745 and 1747. The single-storey building, often called Prussia's Versailles, is one of the finest examples of the rococo style in Germany.

# DIE DEUTSCHEN MITTELGEBIRGE

## AM MITTELRHEIN

Der Mittelrhein teilt das Rheinische Schiefergebirge in die links des Flusses liegenden Bergzüge von Eifel und Hunsrück und in den rechtsrheinischen Westerwald. Dieses erdgeschichtlich sehr alte Gebirge ist im Lauf der Zeit durch Abtragungen plateauartig abgeplattet worden, wobei die Abflüsse tief eingeschnittene Täler hinterlassen haben, neben dem des Mittelrhein vor allem noch die von Nahe, Mosel, Ahr und Lahn. In erdgeschichtlich jüngerer Zeit schufen tektonische Störungen die Einbrüche der Kölner Bucht, des Neuwieder und Limburger Beckens sowie die Bucht von Trier. Noch jüngeren Ursprungs sind die vulkanischen Ereignisse im Schiefergebirge, die etwa das Siebengebirge entstehen ließen, in der Eifel die Maare und hier wie auch im Westerwald die typischen Vulkankuppen hinterließen.

### Die Eifel

Zwischen der Kölner Bucht im Norden, dem Rhein im Osten, der Mosel im Süden und der belgischen Grenze im Westen erstreckt sich die Eifel als nordwestlichster Teil des Rheinischen Schiefergebirges.

Im Zentrum wird die Eifel durch flache, hoch gelegene Bergrücken gekennzeichnet, deren flächengrößte die Schnee-Eifel an der belgischen Grenze ist. Entwässert wird die Eifel durch die Kyll, Lieser, Alf und Elz zur Mosel, wohingegen Ahr und Brohl sowie die Nette zum Rhein und die Rur zur Maas fließen. Diese Flüsse haben, insbesondere zum Rhein und zur Mosel hin, tief eingeschnittene Täler geformt. In den rauen und regenreichen Höhenlagen dominiert die Forst- und Milchwirtschaft. In jüngster Zeit hat sich hier auch der Rapsanbau ausgedehnt, der im Frühsommer große Flächen der Eifel in ein gelbes Blütenmeer taucht. Industrie ist nur punktuell vorhanden, der Fremdenverkehr findet zunehmend wirtschaftliche Bedeutung.

Große Attraktionen sind der Nürburgring, der Weinbau an der Ahr und Erholungsgebiete, wie etwa der Rur-Stausee oder das Wildfreigehege Hellental, und die vielen Sehenswürdigkeiten des Gebietes, so Burgen wie etwa Nideggen oder die Wasserburg Satzvey, Schlösser wie Bürresheim, kleine Burgstädte wie Reifferscheid oder Kronenburg und nicht zuletzt die historischen Ortskerne von Altenahr, Monschau, Münstereifel oder Monreal.

*Durch das romantische Monschau in der Eifel fließt die Rur.*

*The River Rur flows through the romantic town of Monschau in the Eifel.*

**Oben:** *Wasserburg Satzvey aus dem 15. Jahrhundert bei Mechernich.*
**Unten:** *Ruinen der Eifel-Burgen Oberburg und Niederburg von Manderscheid.*

**Top:** *15th century Satzvey Castle (with moat) near Mechernich.*
**Bottom:** *Ruins of the Upper and Lower Castles of Manderscheid, Eifel.*

**Oben:** *Die imposante sechstürmige Kirche der Benediktinerabtei Maria Laach an der Mosel.*
**Links:** *Baldachin des Altartisches in der Abteikirche Maria Laach.*

**Top:** *The imposing six-towered church of Maria Laach Benedictine Abbey on the Moselle.*
**Left:** *Canopy over the altar table in Maria Laach Abbey Church.*

### Maria Laach – Kloster in der Abgeschiedenheit

Eines der hervorragenden Zeugnisse der rheinischen Kirchenbaukunst stellt die Abtei Maria Laach am gleichnamigen Vulkansee in der Eifel dar. Mit dem Bau der romanischen Basilika der Abtei wurde 1093 begonnen. Sie verkörpert den Wendepunkt in der Geschichte des mittelalterlichen Kirchenbaus. Die Baukörper des Ostteils, des Langhauses und des Westwerkes der sechstürmigen, 1156 geweihten und ca. 1230 vollendeten Kirche sind harmonisch gegeneinander abgewogen.

Weit seiner Zeit voraus ist das rechteckige Gewölbesystem des Langhauses, das der Kirche ihre Weiträumigkeit verleiht.

Die ganz dem karolingisch-ottonischen Architekturideal entspringende Raumidee ihres Baukörpers erfasst man am besten, wenn man sich ganz genau in ihrem Mittelpunkt befindet.

## Die Mosel

Die Mosel, mit einer Länge von 545 Kilometern einer der großen linken Nebenflüsse des Rheins, entspringt in den Vogesen, durchfließt Metz und bildet teilweise die deutsch-luxemburgische Grenze. Ab Trier bis zur Mündung in Koblenz durchfließt sie in einem tief eingeschnittenen, windungsreichen Tal, das zu den bedeutendsten deutschen Weinbaugebieten zählt, das Rheinische Schiefergebirge, das sie in die nördliche Eifel und den südlichen Hunsrück teilt.

Das klimatisch begünstigte Moseltal wussten schon die Kelten zu schätzen. Die Römer brachten den Weinbau an die Mosel, der dann diesem Verkehrsweg im Mittelalter Wohlstand brachte. Ortsnamen wie Piesport, Trittenheim oder Klüsserath verzücken heute den Weinkenner. Städte wie Bernkastel-Kues, der Geburtsort des mittelalterlichen Gelehrten und Klerikers Nicolaus Cusanus, Traben-Trarbach, Zell oder Cochem zeugen mit ihren historischen Bauwerken, Stadtbildern und Fachwerkhäusern von der kulturellen Ausstrahlung dieses so reizvollen Moseltales.

Auch die Moselufer werden von vielen Burgen und Schlössern gekrönt. Manche lassen sich besichtigen. Auf keinen Fall versäumen sollte man Burg Eltz im Tal der Elz, aber auch Burg Thurandt bei Alken, die Burgen bei Kobern-Gondorf, Burg Cochem und Burg Landshut über Bernkastel. Und nicht zuletzt das Residenzschloss der Kurfürsten von Trier in Zell ist einen Besuch wert.

*__Oben:__ Der Weinort Beilstein an der Mosel mit Burgruine Metternich.*

*__Unten:__ Die stolze Reichsburg oberhalb von Cochem.*

*__Top:__ Beilstein wine village on the Moselle and the ruins of Metternich Castle.*

*__Bottom:__ The Reichsburg (Cochem Castle), proudly overlooking Cochem.*

Das Wahrzeichen von Trier, die Porta Nigra, ein ehemaliges römisches Stadttor.

The Porta Nigra, a former Roman city gate, is the landmark of Trier.

Die Mosel war auch immer kulturelle Verbindungsachse zwischen den Rheinbewohnern und ihren westlichen Nachbarn. Zuletzt trug die Mosel viel zur deutsch-französischen Verständigung in der Zeit nach dem Zweiten Weltkrieg bei. Im Deutsch-Französisch-Luxemburgischen Vertrag von 1956 wurde die Stauregelung und die Schiffbarmachung des Flusses für große Binnenschiffe geregelt, und somit eine verbesserte Verkehrsanbindung der lothringischen und luxemburgischen Schwerindustriezonen realisiert. 14 Staustufen regeln heute die Mosel, die dem Fluss oft seeartigen Charakter verleihen.

**Römerstadt Trier**

Vor mehr als 2000 Jahren vom Römischen Kaiser Augustus als *Augusta Treverorum* gegründet, war Trier im 4. Jahrhundert Sitz der Verwaltung für die westliche Hälfte des Römischen Reiches. Vom Bistum Trier gingen im Spätmittelalter viele weltliche und kirchliche Einflüsse aus. Heute ist Trier eine Verwaltungs- und Industriestadt und immer noch großer Weinhandelsplatz. Viele Baudenkmäler erinnern noch an die früheren Zeiten der einstigen „Weltstadt".

Berühmtestes Gebäude Triers ist die Porta Nigra, das im 2. Jahrhundert errichtete Nordtor der römischen Stadtmauer. Aus römischer Zeit stammen auch die Barbara- und Kaiserthermen (2.–4. Jahrhundert), das um 100 n. Chr. errichtete Amphitheater, die Römerbrücke (2. Jahrhundert), die sogar noch dem heutigen Autoverkehr standhält, und nicht zuletzt die Palastaula (um 310 n. Chr.), der kaiserliche Thronsaal.

Das mittelalterliche Trier spiegelt sich am Hauptmarkt und in der Simeonstraße sowie am Moselufer wider. Der Dom St. Peter geht in seinen Ursprüngen auf das 4. Jahrhundert zurück und wurde im 11./12. Jahrhundert zur dreischiffigen romanischen Kirche erweitert. Der Kurfürstliche Palast der Erzbischöfe entstand – unter Einbeziehung der Palastaula – zu Beginn des 17. Jahrhunderts. Sein südlicher Flügel wurde Ende des 18. Jahrhunderts im Rokokostil ausgebaut.

**Das Saarland**

Wenig oberhalb von Trier mündet die Saar in die Mosel, jener Fluss, der dem mit einer Fläche von 2573 Quadratkilometern kleinsten Flächenstaat der Bundesrepublik Deutschland seinen Namen gegeben hat. Besiedelt wurde das Gebiet an der Saar schon in vorgeschichtlicher Zeit. Aus der Herrschaftsperiode der Römer sind eine Reihe von Gutshöfen und Städte bekannt. Während der fränkischen Landnahme wurden viele Dörfer gegründet, die heute noch an ihren Endungen wie -ingen, -angen, -heim oder -dorf zu erkennen sind. Eine zweite Siedlungswelle erfolgte während der Rodungsphase des Mittelalters – hier-

**OBEN:** *Kurfürstliches Palais in Trier.*
**UNTEN:** *Blick vom Aussichtspunkt Cloef auf die Große Saarschleife bei Mettlach.*

**TOP:** *Electoral Palace in Trier.*
**BOTTOM:** *View from Cloef vantage point of the famous Saar loop at Mettlach.*

auf deuten Ortsnamenendungen wie -rod, -reuth oder -rath hin. In dieser Zeit etablierte sich auch die Grafschaft Saarbrücken, die ursprünglich von Metz lehnsabhängig war und 1381 an Nassau fiel.

Im Laufe seiner Geschichte geriet das Saarland immer wieder unter französische Herrschaft. Aber in zwei Volksabstimmungen vor und nach dem Zweiten Weltkrieg sprach sich die saarländische Bevölkerung für einen Verbleib in Deutschland aus.

Das Saarland hat eine sehr vielschichtige Landesstruktur. Im Norden hat das Saarland mit der 595 Meter messenden Wißkircher Höhe, der höchsten Erhebung des Landes, noch Anteil am Hunsrück. Südlich vorgelagert sind Teile des Pfälzer Berglandes. Von Völklingen bis Bexbach-Höchen zieht sich der Steinkohlenwald entlang. Der Kohle verdankt das Saarland übrigens die Industrialisierung im vorigen Jahrhundert. Der Südteil des Saarlandes wird von waldreicher Hügellandschaft bedeckt.

### Residenzstadt Saarbrücken

Als das Saarland nach der Volksabstimmung 1957 in die Bundesrepublik Deutschland zurückgegliedert wurde, erhielt Saarbrücken als Hauptstadt repräsentative Bauten für Regierung und Verwaltung sowie großzügige Verkehrswege. Als Einkaufsstraße entwickelte sich die Kaiserstraße nördlich der Saar, zwischen Hauptbahnhof und dem St.-Johannes-Rathaus. Doch das Herz der Stadt schlägt weiterhin am südlichen Saarufer um das Schloss, die Schlosskirche und die alte Brücke zum Ortsteil St. Johann.

*OBEN: Die Ludwigskirche in Saarbrücken, eines der Wahrzeichen der Stadt.*
*UNTEN: Der Saarbrücker Bürgerpark „Hafeninsel" mit modernem Brunnen.*
*TOP: Ludwig's Church in Saarbrücken, one of the city's landmarks.*
*BOTTOM: Saarbrücken's public park "Hafeninsel" (Port Island) with modern fountain.*

Eine erste Blütezeit erlebte die Stadt zu Beginn des 17. Jahrhunderts unter Graf Ludwig, auf den wesentliche Teile der Stadtanlage sowie das Renaissanceschloss, das allerdings 1677 zerstört wurde, zurückgehen. Unter Fürst Wilhelm Heinrich (1741–68)

wurde der Baubestand um viele Barockbauten erweitert. Die historisch zu erklärende Aufteilung der Stadt in die Ortsteile Saarbrücken, St. Johann und St. Arnual ist noch heute dem Stadtplan zu entnehmen.

Trotz großer, kriegsbedingter Zerstörungen besitzt Saarbrücken noch eine Vielzahl historischer Bauten.

**Oben:** *Das wiedererbaute Schloss Saarbrücken.*
**Unten:** *Felsenkirche Idar-Oberstein mit der Burgruine Oberstein am Rand des Hunsrück.*

**Top:** *The rebuilt castle of Saarbrücken.*
**Bottom:** *Church in the Rocks, Idar-Oberstein; castle ruins in Oberstein on the edge of the Hunsrück.*

Am bemerkenswertesten ist die architektonische Gestaltung des Schlossplatzes. Hier stehen die Evangelische Schlosskirche aus dem 15. Jahrhundert, die auch als Grabstätte der Fürsten von Nassau-Saarbrücken diente, das Schloss – der heutige Rokokobau wurde von F. J. Stengel entworfen – und nicht zuletzt das Alte Rathaus, auch ein Bau von Stengel. Die evangelische Ludwigkirche, zwischen 1762 und 1775 ebenfalls von Stengel errichtet, gilt als der bedeutendste Kirchenbau des Saarlandes. Ebenfalls sehenswert ist die barocke Basilika St. Johann im gleichnamigen Ortsteil.

**Hunsrück**

Zwischen Mosel und Nahe gelegen, stellt der Hunsrück den Südwestflügel des Rheinischen Schiefergebirges und die linksrheinische Fortsetzung des Taunus bis zur Saar dar. Seine höchsten Erhebungen sind im Hochwald der Erbeskopf (818 Meter), im Idarwald der 766 Meter hohe An den Zwei Stinen, im Binger Wald der 637 Meter hohe Kandrich und im Soonwald der 658 Meter hohe Ellerspring.

Die Hochlagen des Hunsrück sind, wie überall im Rheinischen Schiefergebirge, klimatisch benachteiligt, sodass hier die Landwirtschaft hinter der Forstwirtschaft zurücktritt. Die Randtäler zur Mosel und

*Blick über die Rheinschleife von St. Goar auf den Loreleyfelsen.*

*View of the Lorelei Rock looking across the Rhine loop from St. Goar.*

zum Rhein sind tief eingeschnitten. Hier werden Obst und Wein angebaut. Die Industrie ist im Hunsrück wenig ausgeprägt, sodass viele seiner Bewohner in den benachbarten Regionen ihrer Arbeit nachgehen.

**Rheinromantik**

„Ich weiß nicht, was soll es bedeuten, dass ich so traurig bin ...“ – dieses durch F. Silcher vertonte Gedicht Heinrich Heines von der Loreley ist der Inbegriff der Rheinromantik. Das zwischen Bingen und Bad Godesberg tief eingeschnittene Mittelrheintal hat südlich von St. Goar seine engste Stelle. Am Loreleyfelsen, wo der Sage nach der Nibelungenschatz versenkt worden sein soll, ist der Fluss nur noch 113 Meter breit. Gefährliche Riffe stellten hier früher eine große Gefahr für die Rheinschiffer dar, und wenn sie, betört von den Gesängen der Loreley und ihrem wunderschönen goldenen Haar, abgelenkt waren, zerschellten ihre Boote an den Felsen ...

Nicht erst heute ist das Mittelrheintal eine wichtige Verkehrsachse. Im Mittelalter führte hier der Königsweg entlang – die Schlagader des Deutschen Reiches zwischen Aachen und Frankfurt. Zur Bekämpfung der Raubritter und zur Abgrenzung ihrer Herrschaftsbereiche schlossen sich die großen Territorialherren am Rhein, die Erzbischöfe von Köln, Trier und Mainz sowie der Pfalzgraf, den Städten im Rheinischen Bund an und lenkten fortan die Geschicke am Rhein.

Ihre Burgen schmücken noch heute die Hänge des Mittelrheintals und machen es vor allem für die staunenden amerikanischen Touristen zu einem Anziehungspunkt.

### Westerwald

„... über deinen Höhen pfeift der Wind so kalt". Wer kennt nicht dieses Lied, das auf so eindrückliche Weise die klimatischen Bedingungen auf den Hochflächen des Westerwaldes wiedergibt. Der Hohe Westerwald als Kern dieses Berglandes stellt eine kahle, von Basaltlehm bedeckte Hochfläche mit der 657 Meter hohen Fuchskaute dar. Köhlerei und Kriege hatten diese Hochflächen spätestens im 18. Jahrhundert ihrer Bewaldung beraubt. Sie werden im Osten, Süden und Westen vom weniger hohen Ober-Westerwald umgeben, dessen Ränder tief eingeschnitten sind. Zum Rhein schließen sich die Hochflächen des Vorderen Westerwaldes bis zum Siebengebirge und die Montabaurer Höhe an.

Ausgedehnte Tonlager bildeten die Grundlage für ein vielseitiges Töpferhandwerk, das heute im Kannenbäcker Land überregionale Bedeutung gewonnen hat. Braunkohle und Erze wurden lange abgebaut, haben heute jedoch keine wirtschaftliche Bedeutung mehr. Aber trotz aller landschaftlichen Reize bildet das raue Klima ein Hindernis für einen regeren Fremdenverkehr.

***Oben:** Die mittelalterliche Burg Schwalbach im Westerwald.*
***Unten:** Zollfestung Pfalzgrafenstein, links dahinter Burg Gutenfels bei Kaub am Rhein.*
***Top:** Medieval Schwalbach Castle in Westerwald.*
***Bottom:** Pfalzgrafenstein Customs House; Gutenfels Castle (rear left) near Kaub on the Rhine.*

### Die Lahn

Mit der Mosel und der Ahr zählt die Lahn zu den reizvollsten mittelrheinischen Zuflüssen – dieser 245 Kilometer lange Fluss entspringt auf 610 Meter Höhe im Rothaargebirge. In seinem Oberlauf fließt er in einem tief eingeschnittenen Tal zunächst nach Osten, wendet sich oberhalb von Marburg nach Süden und folgt dann, nachdem er das Gießener Becken durchquert hat, in meist engem und gewundenem, an Burgen und Ruinen reichem Lauf einer Senke zwischen Taunus und Westerwald und mündet schließlich bei Lahnstein in den Rhein.

## ZWISCHEN WESERBERGLAND UND HARZ

Die nördliche Mittelgebirgsschwelle, die im Kern aus dem Weserbergland gebildet wird, im Nordwesten noch den Teutoburger Wald umfasst und im Osten bis zum Harz reicht, ist eine kleinstrukturierte Landschaft mit vielfältigen Reizen und kulturgeschichtlichen Sehenswürdigkeiten aus allen Zeitepochen.

### Das Weserbergland

Geologisch lässt sich das Weserbergland in zwei charakteristische Erscheinungsformen unterteilen: In die waldreichen Höhenzüge, wie etwa die Dransfelder Hochfläche, den Bramwald und den Solling, den Reinhardswald und die Paderborner Hochfläche, die aus Buntsandstein und Muschelkalk aufgebaut sind und schichtstufige Hochflächen bilden, und in die aus Gesteinen der Jura- und Kreidezeit aufgebauten Schichtkammerlandschaften wie Ith und Hils, Osterwald und Süntel, Deister und Bückeberge, das Lipper Bergland und das Eggegebirge und nicht zuletzt der Teutoburger Wald und das Wiehengebirge.

### Weserrenaissance

Der Wohlstand des Weserberglandes im 16. Jahrhundert ließ hier einen eigenständigen Baustil entstehen: die sogenannte Weserrenaissance. Es ist ein profaner Baustil eigener Ausprägung, der sich durch ungeheure Formenvielfalt auszeichnet: Da gibt es noch spätgotische Zierelemente und die Beeinflussung aus Flandern und Oberitalien wird sehr deutlich. Besonders prägnant treten Halbkreisaufsätze, sogenannte welsche Giebel auf, die später zu Fächerrosetten wei-

***Links:*** *Schlösschen im Kurpark von Bad Nenndorf im Weserbergland.*
***Unten:*** *Kirche und Stadtturm von Grebenstein im Reinhardswald.*
***Left:*** *Small castle in the spa gardens of Bad Nenndorf in the Weser Hills.*
***Bottom:*** *Church and city tower of Grebenstein in Reinhardswald.*

*Oben:* *Goldener Saal im Schloss Bückeburg im Weserbergland.*
*Rechts:* *Das Leisthaus in Hameln, ein Klassiker der Weserrenaissance.*
*Top:* *Golden Chamber in Bückeburg Castle in the Weser Hills.*
*Right:* *The Leisthaus in Hamlyn, a classic example of the Weser Renaissance style.*

terentwickelt wurden. Erker und Utluchten sind besonders typisch – bestes Beispiel ist das Leistsche Haus in Hameln, inzwischen das Heimatmuseum der Stadt. Auch für das kunstvolle Fachwerk ist Hameln wie etwa auch Münden repräsentativ für die Weserrenaissance.

## Die Welfen im Braunschweiger und Hannoveraner Land

Graf Welf, Stammvater des welfischen Geschlechtes aus der fränkischen Reichsaristokratie starb um 820. Die Stammreihe der Welfen verzweigt sich bald. Eine Linie wurde durch Heinrich den Löwen vertreten, der im Streit seinem Vetter, Kaiser Friedrich I., unterlag und 1180 Bayern und Sachsen verlor. Aus dem welfischen Hausbesitz zwischen Elbe und Weser entstand 1235 das Herzogtum Braunschweig-Lüneburg. Die spätere hannoversche Linie gelangte 1714 auf den britischen Thron.

*__Oben:__ Die sächsische Niederungsburg Burg Dankwarderode in Braunschweig.*
*__Links:__ Braunschweig, Altstadt-Markt, Rathaus und Marienbrunnen.*
*__Unten:__ Das Opernhaus in Hannover.*
*__Top:__ The Saxon lowland castle Dankwarderode Castle in Brunswick.*
*__Left:__ Brunswick, Old Town market, town hall and Marienbrunnen (fountain).*
*__Bottom:__ Hanover Opera House.*

Die Bauwerke der Hannoveraner Altstadt wurden weitgehend im Zweiten Weltkrieg zerstört. Die stilreine Marktkirche, im 14. Jahrhundert ganz in der Tradition der Backsteingotik errichtet, wurde aber ebenso wieder aufgebaut wie das Alte Rathaus aus dem 13. Jahrhundert, das Leineschloss aus dem 18. Jahrhundert – heute Sitz des Niedersächsischen Landtags – und das Opernhaus, das zwischen 1848 und 1852 errichtete Meisterwerk des klassizistischen Baumeisters Laves.

Braunschweig, dessen Erscheinungsbild durch Heinrich den Löwen geprägt wurde, hat mindestens genauso wie Hannover unter den Folgen des Zweiten Weltkrieges gelitten. Der von Heinrich dem Löwen 1175 begonnene und 1275 erweiterte Dom ist inzwischen wieder hergerichtet worden, genauso wie die Burg Dankwarderode, die in ihrer heutigen Erscheinungsform gleichfalls auf Heinrich zurückgeht.

**Oben:** *Das Alte Rathaus von Hannover wurde im 15. Jahrhundert im Stil der norddeutschen Backsteingotik erbaut, ebenso wie die Marktkirche Sankt Georg und Jakob.*
**Unten:** *Galeriegebäude im Großen Garten von Schloss Herrenhausen in Hannover.*

**Top:** *The 15th century Old Town Hall of Hanover and the Church of St. George and St. James on the market place, both built in the northern German Gothic brick style.*
**Bottom:** *Gallery building in the Great Garden of Herrenhausen Castle in Hanover.*

**Links und rechts:** *Der Hildesheimer Dom St. Mariae und die darin befindliche Bernwardsäule.*
**Unten:** *Hildesheimer St. Michaeliskirche aus dem 11. Jahrhundert.*

**Left and right:** *St. Mary's Cathedral and the Bernward pillar, Hildesheim.*
**Bottom:** *11th century St. Michael's Church, Hildesheim.*

Auf dem Burgplatz steht der berühmte Braunschweiger Löwe, den Heinrich 1166 als Symbol der Macht mit Blick nach Osten auf hohem Sockel errichten ließ.

### Herrenhäuser Garten

In Herrenhausen, seit 1928 Stadtteil von Hannover, stand die Sommerresidenz der hannoverschen Kur-

**Oben:** *Blick vom Achtermanns-Felsen auf den Brocken und Wurmberg, Nationalpark Harz.*
**Unten:** *Sösetalsperre im Harz bei Osterode.*

**Top:** *View of the Brocken and Wurmberg mountains from the Achtermann rocks, Harz National Park.*
**Bottom:** *Söse reservoir in Harz near Osterode.*

fürsten und Könige. Das Schloss wurde 1943 komplett zerstört, aber der herrliche Herrenhäuser Garten, ein Meisterwerk barocker Gartenbaukunst, blieb erhalten. Er wurde Anfang des 18. Jahrhunderts nach holländischem Vorbild streng geometrisch angelegt. 21 Kilometer Hecken und verschiedene Wasserspiele und Fontänen zieren die Anlage. Das barocke Gartentheater ist heute Schauplatz der sommerlichen Festwochen „Musik und Theater in Herrenhausen“.

### Hildesheimer Dom

Der Hildesheimer Dom und die ehemalige Benediktinerabtei St. Michael sind Zeugnisse des vom Heiligen Bernward (ca. 960 bis 1022) initiierten, mathematisch strengen, hochromanischen Baustils. Beide Sakralbauten wurden im Zweiten Weltkrieg weitgehend zerstört, aber stilgetreu wieder aufgebaut. Ihre einmaligen Kunstschätze konnten gerettet werden. Hierzu gehören in St. Michael die bemalten Stuckreliefs der Chorschranken aus dem 12. Jahrhundert

*__Rechts:__ Erker mit Monarchenfiguren an der Kaiserworth in Goslar.*
*__Unten:__ Fenster der Goslarer Marktkirche St. Cosmas und Damian.*
*__Right:__ Alcove of the Kaiserworth with figures of monarchs, Goslar.*
*__Bottom:__ Stained glass windows in the Church of St. Cosmas and Damian, Goslar market place.*

und die bemalte Holzdecke. Am Dom sind die Meisterwerke der Gießkunst besonders hervorzuheben – vor allem die Bronzetüren aus dem Jahr 1025 mit alt- und neutestamentarischen Darstellungen in 16 Reliefs.

**Oben:** *Kaiserpfalz zu Goslar.*
**Unten:** *Im Huldigungssaal des Rathauses von Goslar.*
**Top:** *Imperial Palace of Goslar.*
**Bottom:** *Inside the Hall of Homage in Goslar Town Hall.*

### Der Harz

Der Harz ist das am weitesten in die nordwestdeutsche Tiefebene vorgeschobene Mittelgebirge. Die exponierte Lage bringt besonders hohe Niederschläge mit sich, weshalb in den Höhenlagen praktisch kein Ackerbau mehr möglich ist.

Im Nordwesten setzt sich das Harzgebirge besonders markant von der vor ihm liegenden Ebene ab. Der westliche Teil des Harzes, der Oberharz, ist ohnehin mit seinen Hochflächen mit bis zu knapp 600 Metern Höhe, wie etwa der von Clausthal-Zellerfeld, deutlich aufragender als der südöstliche, eher sanft gewellte Unterharz, der auf 300 Meter Höhe herabsinkt. Diese Hochflächen stellen geologisch alte, stark in sich gefaltete Rumpfflächen dar, zwischen denen sich das Granitmassiv des Brockens – mit 1142 Metern der höchste Berg des Harzes –, der benachbarte Bruchberg, die Achtermannshöhe und der Große Auerberg ausbreitet.

### Goslar – die Kaiserpfalz am Harz

Der bereits im Jahre 922 gegründete Ort erhielt Ende des 10. Jahrhunderts durch den am Rammelsberg aufgenommenen Silberbergbau große wirtschaftliche Bedeutung. Die ottonischen Kaiser gründeten hier eine Kaiserpfalz, die unter Heinrich III. und Heinrich IV. neu gestaltet wurde. Sie gehört zu den ältesten deutschen Profanbauten.

Die Frankenberger Kirche, die Marktkirche und die Neuwerkkirche stammen aus dem 12. und 13. Jahrhundert, als Goslar längst Stadtrecht besaß. Besonders sehenswert sind das Rathaus und die Kaiserworth, ein Gildehaus aus dem 15. Jahrhundert. Reizvoll sind vor allem auch die in Goslar so prächtig erhaltenen Fachwerkhäuser aus dem Spätmittelalter.

Die Fachwerkarchitektur hat sich im Umfeld des Harzes besonders kunstvoll ausgebreitet. Neben Goslar sind in diesem Zusammenhang vor allem noch Wernigerode, Quedlinburg oder auch Nordhausen zu erwähnen.

## HESSEN

Der Stamm der Hessen, von Tacitus bereits als Bevölkerungsgruppe der „Chatti" beschrieben, blieb auch während der Völkerwanderungszeit im Umland von Eder, Fulda und Lahn sesshaft, geriet allerdings später unter fränkische Herrschaft. Während die Hessen im Rhein-Main-Gebiet weithin fränkisches Wesen annahmen, konnte sich in den oberhessischen Kernlanden, zwischen Rothaargebirge, Rhön und Vogelsberg, ein eigenständiges hessisches Stammestum, geprägt von bäuerlicher Lebensweise, bewahren.

**OBEN:** *Kleiner Tempel im Kasseler Bergpark Wilhelmshöhe.*
**UNTEN:** *Rhein bei Mainz mit der Theodor-Heuss-Brücke.*
**TOP:** *Small temple in Wilhelmshöhe Mountain Park, Kassel.*
**BOTTOM:** *The Rhine at Mainz with Theodor Heuss Bridge.*

### Die hessischen Kernlande

Landschaftlich sind die Hessischen Kernlande durch Mittelgebirge und in sie eingebettete Senkenzonen charakterisiert. Die Westhessische Senke setzt das Oberrheinische Tiefland über die Wetterau und das Gießener Becken bis in die Becken von Wolfhagen bzw. von Kassel fort, die durch den Habichtswald getrennt werden.

Die weniger ausgeprägte Osthessische Senke wird aus dem Fuldaer sowie dem Bebra-Hersfelder Becken gebildet. Zwischen beiden Beckenzonen erstreckt sich eine vorwiegend aus Eruptivgestein gebildete Gebirgsachse vom Vogelsberg über den Meißner zum Kaufunger Wald. Parallel dazu verläuft östlich eine zweite Gebirgsreihe mit der Rhön, dem Säuglingswald sowie dem Ringgau.

### Rhein-Main-Gebiet

Am Zusammenfluss von Main und Rhein, zwischen Taunus und Odenwald, hat sich nach dem Zweiten Weltkrieg um das Städtedreieck Frankfurt-Wiesbaden-Mainz der wichtigste wirtschaftliche Ballungsraum Deutschlands entwickelt. Hier konzentrieren sich die internationalen Finanzströme, deutlich sichtbar an den Frankfurter Bankenhochbauten. Hier führen auch Deutschlands nationale und internationale Verkehrswege zusammen, ebenso sichtbar am Frankfurter Flughafen, dem größten Deutschlands und einem der bedeutendsten der Welt.

## Residenzstadt Kassel

Kassel, einstige Residenzstadt der hessischen Landgrafen, ist heute das wirtschaftliche Zentrum Nordhessens. Die im Zweiten Weltkrieg stark zerstörte Stadt wurde mit verändertem Grundriss wieder aufgebaut.

Auf Landgraf Karl geht die Karlsaue mit der zwischen 1702 und 1710 errichteten Orangerie, inzwischen Ruine, sowie der Bergpark mit dem Herkules zurück. Ende des 18. Jahrhunderts schuf Landgraf Friedrich den Königs- und den Friedrichsplatz sowie die Wilhelmshöher Allee. Landgraf Wilhelm IX., ab 1803 Kurfürst, baute Schloss Wilhelmshöhe.

*__Oben:__ Schloss Wilhelmshöhe im Kasseler Stadtteil Bad Willhelmshöhe.*
*__Unten:__ Die Löwenburg im Bergpark Wilhelmshöhe in Kassel.*

*__Top:__ Wilhelmshöhe Castle in the district of Bad Wilhelmshöhe, Kassel.*
*__Bottom:__ The Löwenburg (Lion's Castle) Wilhelmshöhe Mountain Park, Kassel .*

Unter den wieder errichteten Kirchen und Gebäuden ist die aus dem 13. bis 16. Jahrhundert stammende Bruderkirche zu erwähnen, die Martinskirche aus dem 14. und 15. Jahrhundert, das Elisabeth-

Hospital sowie der Marstall vom Ende des 16. Jahrhunderts.

**Rhön**

Im Länderdreieck von Hessen, Thüringen und Bayern erstreckt sich die Rhön, ein vulkanisches Mittelgebirge aus Basaltkuppen und lang gestreckten Basaltdecken. Die Hohe Rhön – mit der Wasserkuppe als höchster Erhebung des Gebirges – ist ihr charakteristischstes Erscheinungsbild. Ihre wellige Hochfläche ist mit Wiesen, Weiden und Hochmooren bedeckt. Hier auf der Wasserkuppe hat Deutschlands bekannteste Segelflugschule ihren Sitz. Nordwestlich schließt sich an die Hohe Rhön die Vorder-Rhön an, die in der Milsburg 835 Meter hoch aufragt. Die stark bewaldete Süd-Rhön ist weniger hoch und weist auch weniger ausgeprägte Basaltberge auf.

***Oben:** Die Kuppen der Rhön, rechts von der Bildmitte die „Milseburg".*
***Unten:** Das idyllische Schlitz im Fuldatal unterhalb des Vogelsberges.*
***Top:** The low mountain range of the Rhön; the "Milseburg" (right of centre).*
***Bottom:** The idyllic town of Schlitz in the Fulda Valley below the Vogelsberg.*

**Vogelsberg**

Genau in der Mitte zwischen Frankfurt und Kassel hebt sich der Vogelsberg mit seiner einmaligen Kulisse aus dem Südwesthessischen Bergland heraus. Geologisch stellt er einen gleichförmigen, radial eingekerbten basaltischen Flachkegel dar.

Seine höchste Erhebung ist der Taufstein mit 773 Metern Höhe, der mit den fast gleich hohen umge-

**Oben:** *Das „Dornröschenschloss" Sababurg bei Hofgeismar am Reinhardswald.*
**Unten:** *Stadtansicht von Marburg an der Lahn mit Schloss und Marienkirche*
**Top:** *Sababurg "Sleeping Beauty's castle" near Hofgeismar in Reinhardswald.*
**Bottom:** *City view of Marburg on the Lahn with castle and St. Mary's Church.*

benden Bergen des Hoherodskopfes, des Sieben Ahorns und der Herchhainer Höhe ein welliges Oberplateau bildet. In den Hochlagen des Vogelsberges wird Waldwirtschaft, darunter überwiegend Weidewirtschaft betrieben. Im Unteren und Vorderen Vogelsberg sind auch Lössböden mit ertragreichem Ackerbau anzutreffen.

### Märchenhafter Reinhardswald

Der Reinhardswald, ein Höhenzug des Weserberglandes, zwischen Münden und Bad Karlshafen westlich der Weser gelegen, bildet eine Hochfläche aus Buntsandstein, in die Basaltkuppen eingebettet sind. Seine herrlichen alten Laubwälder sind forsthistorisch von größtem Interesse.

Inmitten des Reinhardswaldes liegt die Sababurg, das „Dornröschenschloss", das im 14. Jahrhundert von den Mainzer Erzbischöfen gebaut und nach ihrer Zerstörung von den hessischen Landgrafen als Jagdschloss wieder errichtet wurde. Heute ist die Sababurg ein gepflegtes Burghotel, umgeben von einem 70 Hektar großen Naturschutzgebiet.

### Universitätsstadt Marburg

Der hessische Landgraf Philipp der Großmütige gründete im Jahre 1527 in Marburg, der Stadt im Lahntal zwischen den Lahnbergen im Osten und dem Marburger Rücken im Westen, die erste protestantische Universität in Deutschland. Den Charakter einer Universitätsstadt konnte sich Marburg bis heute erhalten.

Das Bild der Altstadt ist von Fachwerkhäusern geprägt, besonders charakteristisch ist der Marktplatz. Im Marburger Schloss, errichtet zwischen dem 13. und 15. Jahrhundert, traf sich Luther mit Zwingli zum Marburger Religionsgespräch. Der imposante Fürstensaal des Schlosses gilt als einer der größten gotischen Profanräume in Deutschland.

Sehenswert in Marburg ist die frühgotische Elisabethkirche, vom Deutschritterorden über dem Grab der heiligen Elisabeth, der Landgräfin von Thürin-

gen (1207–31), errichtet, daneben das Deutschordenshaus mit dem Fruchtspeicher. In der Altstadt findet sich die Ende des 13. Jahrhunderts umgebaute Marienkirche, das ehemalige Kloster der Kugelherren mit der Kirche (Ende 15. Jahrhundert) sowie nicht zuletzt das Rathaus aus dem beginnenden 16. Jahrhundert.

### Bischofsstadt Fulda

Die Abtei Fulda wurde im Jahre 744 von Bonifatius, dem „Apostel der Deutschen" gegründet. An die Frühzeit Fuldas erinnert die Michaelskapelle, deren Kern aus den Jahren 820–822 stammt. Der Dom wurde 1704–12 nach Plänen von Johann Dientzenhofer erbaut und mit kunstvollen Schnitzarbeiten von Johann Neudecker d. Ä. versehen. An den Dom

***Links:*** *Historisches Fachwerkhaus am Marktplatz von Marburg.*
***Unten:*** *Stadtschloss von Fulda, der ehemaligen Residenz der Fürstäbte von Fulda.*
***Left:*** *Historic half-timbered house on Marburg market square.*
***Bottom:*** *Fulda City Palace, former residence of the Prince-Abbots of Fulda.*

schließt sich das Kloster und heutige Priesterseminar aus dem 17. und 18. Jahrhundert an.

Das barocke Schloss, die ehemalige Abtsburg, wurde Anfang des 18. Jahrhunderts von Dientzenhofer umgestaltet. Ihr Kaisersaal ist ein Prachtstück der Barockzeit. Durch den Schlossgarten gelangt man zur Orangerie.

**Mittelalterliches Limburg**

Weithin sichtbar auf einem Felsen über der Lahn erhebt sich der siebentürmige Limburger Dom, ein Meisterwerk der Spätromanik. Der inzwischen renovierte Bau ist innen und außen auf seine ursprüngliche mittelalterliche Farbgebung zurückgeführt worden. Mit ihm zu einer Baugruppe verbunden ist die von den Isenburgern erbaute Burg – beide geben von der 1341 fertiggestellten Lahnbrücke aus ein einmaliges Panorama ab.

Bemerkenswert in der Altstadt ist das geschlossene Ensemble von stattlichen Fachwerkhäusern mit ihren hohen Giebeln. Unter ihnen befindet sich das 1289 errichtete Haus Römer, der älteste erhaltene Fachwerkbau Deutschlands.

**Taunus**

Der Taunus grenzt das Rhein-Main-Gebiet nach Norden ab. Er stellt sich als Barriere gegen die Nordwestwinde und verleiht der Region ihr angenehmes Klima. Der Gebirgszug war bereits in vorgeschichtlicher Zeit besiedelt, wie Funde aus der Jungsteinzeit im Limburger Becken und der Ringwall auf dem Altkönig aus der La-Tène-Zeit zeigen. Auch der römische Historiker Tacitus erwähnt den Taunus, dessen Wortbildung sich aus dem germanischen bzw. altsächsischen *zun* oder *tun* (= Zaun oder befestigte Höhe) ableitet und woraus das englische Wort *town* in seiner ursprünglichen Bedeutung als umzäunte Siedlung entstand.

***Oben:*** *Der Dom von Limburg an der Lahn.*
***Links:*** *Altarraum vom Dom zu Limburg (erbaut 1190–1235).*

***Top:*** *Limburg Cathedral, Limburg on the Lahn.*
***Left:*** *Altar room of Limburg Cathedral (built 1190–1235).*

Der Taunus erstreckt sich als südöstlicher Teil des Rheinischen Schiefergebirges nördlich des Unterlaufs des Mains und des sich anschließenden Abschnitts des Rheins. Im Süden fällt sein Relief relativ steil ab, im Norden geht es flacher abfallend in das Lahntal über. Im Westen wird der Taunus durch das Mittelrheintal, im Norden durch das Lahntal und im Osten durch die Wetterau begrenzt. Der Vor-Taunus zwischen Wiesbaden und Bad Homburg geht mit zwischengelagerten Randbuchten, wo in den klimabegünstigten Lagen Obstbau vorherrscht, zum Ober-

**Oben:** *Kaiser-Wilhelms-Bad und Denkmal von Kaiser Willhelm I. im Kurpark von Bad Homburg im Taunus.*
**Rechts:** *Niederwalddenkmal mit Germania im Niederwald-Park oberhalb von Rüdesheim.*
**Unten:** *Marktplatz von Mosbach mit dem Palmschen Haus im Naturpark Neckartal-Odenwald.*
**Top:** *Kaiser Wilhelm's Spa and monument of Kaiser Wilhelm I in the spa gardens of Bad Homburg in Taunus.*
**Right:** *Niederwald monument with Germania in Niederwald Park above Rüdesheim.*
**Bottom:** *Mosbach market square with the Palm House in Neckartal-Odenwald Nature Park.*

rheintalgraben über. Der Hoch-Taunus, früher auch „Die Höhe" genannt, beherbergt mit dem 880 Meter hohen Großen Feldberg und seinem weithin sichtbaren Turm und dem 826 Meter hohen Kleinen Feldberg die höchsten Erhebungen des gesamten Gebirgszuges. Der eher hochflächige Hinter-Taunus, der durch die Einbruchzonen der Idsteiner Senke und des Goldenen Grundes in einen westlichen und einen östlichen Teil gegliedert wird, entwässert nordwärts zur Lahn. Dieser der Atlantikwitterung voll ausgesetzte Teil des Taunus weist ein entsprechend raues und niederschlagsreiches Klima auf.

### Odenwald

Der Odenwald grenzt das Rhein-Main-Gebiet nach Süden ab und erstreckt sich bis nach Baden-Württemberg hinein. Der Vordere Odenwald fällt über die Bergstraße zum Oberrheingraben hinab. Dieser Teil des Odenwaldes ist geologisch ein altgefaltetes Rumpfgebirge, das durch jüngere Erdbewegungen eingetalt wurde und dadurch ein vielgestaltiges Relief aufweist. Die höchste Erhebung ist die Neunkirchener Höhe mit 605 Metern. Landschaftlich bemerkenswert sind herausgewitterte Gesteinsblöcke, die stellenweise die Form von Blockmeeren annehmen, wie etwa die „Felsmeere" von Reichenbach.

Der vom 626 Meter hohen Katzenbuckel überragte Hintere Odenwald besteht im Kern aus einer etwa 500 Meter hohen Hochfläche, die durch südlich abfließende Täler strukturiert wird. Karge Böden lassen nur eine begrenzte landwirtschaftliche Nutzung zu, zwei Drittel des Hinteren Odenwaldes sind mit Wald bedeckt.

Südlich des Neckars schließt sich der Kleine Odenwald an. Seine nächste Erhebung ist aber der Königstuhl mit 568 Metern. Nach Süden hin fällt er rasch ab.

**Kloster Lorsch**

Die Torhalle der 764 gegründeten ehemaligen Benediktinerabtei an der Bergstraße südlich von Darmstadt ist eines der wenigen erhaltenen Bauwerke aus der Karolingerzeit. Seine Fassaden mit mosaikartig eingesetzten roten und weißen Steinplatten sind reich gegliedert. Der Bau erhielt im 14. Jahrhundert ein gotisches Dach. Nach dem Tod Ludwig des Deutschen (876 n. Chr.) wurde Kloster Lorsch zur Begräbnisstätte verschiedener Könige des Reiches.

**Mainmetropole Frankfurt**

Stadt des Geldes und des Geistes. In Frankfurt wurde 1749 Goethe geboren, hier wurden seit 1147 (1356 in der Goldenen Bulle bestätigt) die deutschen

***RECHTS:*** *Die Torhalle oder Karolingische Königshalle des ehemaligen Benediktinerklosters Lorsch an der Bergstraße.*
***UNTEN:*** *Frankfurt am Main, Skyline bei Nacht mit Main und der Mainbrücke, Paulskirche und Hochhäusern des Bankenviertels.*
***RIGHT:*** *The entrance hall or Carolingian King's Hall of the former Benedictine monastery in Lorsch on Bergstraße.*
***BOTTOM:*** *Frankfurt's night skyline with the River Main and bridge, St. Paul's Church and the skyscrapers of the banking district.*

***Oben:*** *Der Opernplatz mit dem Frankfurter Bankenviertel.*
***Links:*** *Der „Bembel“, Krug für das Frankfurter Nationalgetränk „Äppelwoi“.*
***Unten:*** *Am Frankfurter Römerberg.*
***Top:*** *The "Opernplatz" (opera square) with Frankfurt's banking district.*
***Left:*** *The so-called "Bembel", a jug for Frankfurt's national drink "Äppelwoi" (apple wine).*
***Bottom:*** *Römerberg, Frankfurt.*

Könige gewählt und ab 1562 auch gekrönt. Vom Mainufer aus zeigt sich das Frankfurter Geschäftsviertel von seiner aufragenden Seite: das höchste der Bürogebäude ist der über 250 Meter hohe Messeturm, daneben stehen die Zwillingstürme der Deutschen Bank und u.a. die Dachkrone der DG-Bank.

Die Stiftskirche St. Bartholomäus am Domplatz, seit Jahrhunderten Dom genannt, ist ein Bau, an dem vom 14. bis 16. Jahrhundert und im 19. Jahrhundert erneut gearbeitet wurde. Auffallend ist die fast gleiche Länge von Mittelschiff und Querarm, deren Gewölbe erst im vorigen Jahrhundert eine einheitliche Höhe erhielten.

In der klassizistischen Paulskirche am Paulsplatz tagte 1848/49 die Deutsche Nationalversammlung. Der Bau dient heute der Stadt zu repräsentativen

Zwecken, etwa zur Verleihung des Friedenspreises des Deutschen Buchhandels. Am Beginn der Geschäftsstraße Zeil steht als ehemaliges Wachlokal, die 1729/30 von Jakob Samheimer errichtete Hauptwache. Wie die Hauptwache im ursprünglichen Stil wiedererrichtet, ist die Alte Oper, ein Bau von Richard Lucae, der zwischen 1873 und 1880 entstand.

Die historische Altstadt am Römerberg wurde 1944 nahezu vollständig zerstört. Mit Ausnahme von Haus Wertheim (um 1600) sind alle Gebäude rekonstruiert. Der Römer selbst, das Rathaus der Stadt, setzt sich aus einem Komplex von elf Einzelhäusern mit Höfen und unterschiedlichen Bautrakten zusam-

*Der Mainzer Dom.*

*Mainz Cathedral.*

men. Er erhielt seinen Namen vom ältesten der Giebelhäuser, dem Haus „Zum Römer“. Seine Untergeschosse waren vormals offene Kauf- und Messehallen. Im Obergeschoss befindet sich der Kaisersaal – zu ihm führt die Kaisertreppe mit dem schmiedeeisernen Geländer empor, das vor der Zerstörung gerettet wurde.

### Bischofsstadt Mainz

Das römische *Moguntiacum* war Hauptstadt der Provinz *Germania superior*. Nach den Wirren der Völkerwanderungszeit erlebte Mainz eine neue Blüte. Bonifatius erhob die Stadt 746/47 zum Erzbischofssitz. Die Mainzer Fürstbischöfe spielten im alten deutschen Kaiserreich nur allzuoft eine entscheidende politische Rolle. 1450 erfand Johann Gutenberg in Mainz die beweglichen Lettern, die Grundlage der modernen Buchdruckerkunst.

Beherrschendes Bauwerk der Stadt ist der Dom, eine dreischiffige Basilika, die zwischen 975 und 1239 errichtet wurde. Er zählt zu den größten und bedeutendsten romanischen Bauwerken in Deutschland. Sein mächtiger Vierungsturm ist das Wahrzeichen der Stadt. Sehenswert sind der filigrane Renaissance-Marktbrunnen, die Kirchen St. Quintin (13.–15. Jahrhundert), St. Stephan (14. Jahrhundert) mit den von Marc Chagall geschaffenen Chorfens-

***Oben:*** *Die Bibel im Mainzer Gutenberg-Museum.*
***Unten:*** *Gutenberg-Denkmal in Mainz.*
***Top:*** *The Bible in the Gutenberg Museum in Mainz.*
***Bottom:*** *Gutenberg statue in Mainz.*

***Unten:*** *Kurhaus in Wiesbaden.*
***Bottom:*** *The Assembly Rooms in Wiesbaden.*

**OBEN:** *Schloss Biebrich bei Wiesbaden.*
**UNTEN:** *Die Bonifatiuskirche und der Waterloo Obelisk mit dem Nassauischen Feldartillerie-Denkmal am Luisenplatz in Wiesbaden.*
**TOP:** *Biebrich Palace near Wiesbaden.*
**BOTTOM:** *The Church of St. Boniface and the Waterloo Obelisk with the Nassau field artillery monument on Luisenplatz, Wiesbaden.*

tern, St. Peter (1752–56), St. Ignaz (1763–74), das Kurfürstliche Schloss aus der Zeit des 17. und 18. Jahrhunderts sowie die ehemalige Deutschordenskommende aus der ersten Hälfte des 18. Jahrhunderts, heute Sitz des Landtags von Rheinland-Pfalz.

Unter den zahlreichen Adelshöfen der Stadt sind insbesondere der barocke Dalberger Hof in der Klarastraße und der Osteiner Hof am Schillerplatz im Stil des Übergangs vom Rokoko zum Klassizismus zu erwähnen.

**Kur- und Kongressstadt Wiesbaden**
Das Gesicht der Landeshauptstadt von Hessen, zwischen Taunus und Rheingau gelegen, wird vom Klassizismus und Historismus geprägt. Die 66 °C heiße Quelle der Stadt zog schon die Römer an. Das zwischen Kurhauskollonade (1835) und Theaterkollonade (1839) errichtete Kurhaus (1904–1907) mit Säulenportikus beherbergt die Spielbank. Der Hessische Landtag ist im Stadtschloss der nassauischen Herzöge untergebracht. Der Bau am Schlossplatz wurde zwischen 1837 und 1840 errichtet und diente Kaiser Wilhelm II. als Residenz während seiner Kuraufenthalte in Wiesbaden. Das eigentliche Schloss der Nassauer ist Schloss Biebrich, ein Barockbau aus der ersten Hälfte des 17. Jahrhunderts, dessen Schauseite zum Rhein zeigt.

## THÜRINGEN

Nirgendwo sonst hat die deutsche Kleinstaaterei solche Blüten getrieben wie in Thüringen – am Ende der Neuzeit bestanden hier die ernestinischen Herzogtümer, die reußischen und schwarzburgischen Fürstentümer, die mainzischen Besitzungen Erfurt und Reichsfeld sowie die Reichsstädte Mühlhausen und Nordhausen nebeneinander.

### Der Thüringer Wald

Thüringen, auch gerne als das „grüne Herz" Deutschlands bezeichnet, ist geographisch nicht streng abgrenzbar, umfasst aber im Kern den waldreichen Thüringer Wald und das fruchtbare Thüringer Becken. Im Westen reicht das Land bis an die Werra und bezieht das Obere Eichsfeld mit ein, im Südosten reicht es sogar bis über die Saale hinaus.

In vorgeschichtlicher Zeit trennte der Thüringer Wald die im Süden lebenden Kelten von den nördlich siedelnden Germanen. Einige seiner Kuppen, wie etwa die Steinsburg, wurden von den Kelten als bewehrte Siedlungen und Fluchtburgen ausgebaut. Er zieht sich über eine Länge von 100 Kilometern von der Werra bei Eisenach im Nordwesten über eine Breite von 10 bis 35 Kilometer bis zur Saale, wo er südöstlich in den Frankenwald übergeht. Geologisch wird der Gebirgszug unterteilt in den Nordwestteil mit sogenanntem Rotliegendem im Untergrund, einem Kupferschiefer aus Sedimenten aus der Zeit der variskischen Gebirgsbildung, mit vulkanischen Ergüssen, die als porphyrische Härtlinge den Gebirgskamm überragen. Hier liegen auch die höchsten Erhebungen des Thüringer Waldes mit dem 984 Meter hohen Beerberg und dem 978 Meter hohen Schneekopf. Im Südosten herrschen im Thüringer Schiefergebirge noch ältere Gesteinsablagerungen vor.

Die Erschließung des einst fast gänzlich mit Laubwald bedeckten Thüringer Waldes erfolgte seit dem 10. und 11. Jahrhundert durch den Bergbau, der aber im 16. Jahrhundert der neuen Konkurrenz aus Übersee erlag. Die Bevölkerung behalf sich danach

*RECHTS: Blick vom Kleinen Gleichsberg im Thüringer Wald.*
*UNTEN: Die „Thüringer Kirmes" im Sonneberger Spielzeugmuseum.*
*RIGHT: View from "Kleine Gleichsberg" mountain in the Thuringian Forest.*
*BOTTOM: "Thuringia Fair" in Sonneberg Toy Museum.*

mit an Heimarbeit gebundenem Kleingewerbe, bis im 18. Jahrhundert die Industrialisierung der Region einsetzte.

Heute überwiegen Fichtenforste im Thüringer Wald, die jedoch stellenweise stark unter der Luftverschmutzung gelitten haben. Überwiegend sind es aber herrliche Wälder, die die Fremdenverkehrsentwicklung sehr gefördert haben. Der regenreiche Thüringer Wald mit jährlichen Niederschlagsmengen von bis zu 1300 Millimetern verspricht relative Schneesicherheit für den Wintersport!

**Thüringer Becken**

Zwischen Thüringer Wald und dem Harz erstreckt sich eine weite, fruchtbare Beckenlandschaft – das Thüringer Becken. Von Nordwesten nach Südosten wird es von einer Abfolge von Höhenzügen und Hochflächen (Eichsfeld, Dün, Hainleite, Schmücke, Finne, Hainich, Hörselberg, Seeberge, Gleichen, Ettersberg, Steiger) durchzogen. Das Innere des Beckens ist ein flaches, von Löss überdecktes Hügelland, dessen Schwarzerdeböden zu den ertragreichsten Deutschlands zählen. Hier werden Getreide und

**Oben:** *Die geschichtsträchtige Wartburg bei Eisenach.*
**Rechts:** *Die Lutherstube in der Eisenacher Wartburg.*
**Top:** *The Wartburg near Eisenach, a castle steeped in history.*
**Right:** *The Luther Room at Wartburg Castle, Eisenach.*

Zuckerrüben angebaut und um Erfurt konzentrieren sich Gemüse- und Saatzuchtkulturen. Einzig die geringe durchschnittliche Niederschlagsmenge von weniger als 500 Millimetern jährlich bringt gelegentliche Beeinträchtigungen.

## Eichsfeld

Das Eichsfeld, im thüringisch-niedersächsischen Grenzgebiet gelegen, gilt als katholische Hochburg im Osten Deutschlands. 897 erstmals erwähnt, wurde die Region seither von Mainz aus christianisiert. Die kurmainzischen Bischöfe erwarben hier im Land der Eichen großen Besitz, der ihnen im 13. Jahrhundert auch die Landeshoheit bescherte, die sie bis zu den napoleonischen Kriegen innehatten. Dann kam das Untere Eichsfeld an das Königreich Hannover, das Obere Eichsfeld an Preußen.

Der Hauptort des Oberen Eichsfeldes am nordwestlichen Rand des Thüringer Beckens ist Heiligenstadt, wo der Holzschnitzer Tilman Riemenschneider um 1460 geboren wurde. Das Obere Eichsfeld,

**Oben:** *Schloss Elisabethenburg in Meiningen.*
**Rechts:** *Heiligenstadt mit der St. Martin Kirche.*
**Top:** *Elisabethenburg Palace in Meiningen.*
**Right:** *Heiligenstadt with St. Martin's Church.*

auf einer rund 450 Meter hohen Muschelkalkhochfläche gelegen und mit lichten Laubgehölzen bedeckt, ist landschaftlich sehr reizvoll. Wegen seiner wirtschaftlichen Strukturschwäche wurde es in der DDR-Zeit durch ein Industrialisierungsprogramm gefördert – sicherlich auch mit dem Ziel, durch Arbeiterzuzug die katholische Bevölkerung zu majorisieren.

Nach der Wende wurde Heiligenstadt als Kurstadt ausgebaut und neu geschaffene Gewerbegebiete sorgen für die so dringend erforderlichen Arbeitsplätze, die in den unwirtschaftlichen und als unrentabel geschlossenen alten DDR-Betrieben verlorengingen. Das Untere Eichsfeld mit dem Hauptort Duderstadt in Niedersachsen ist fruchtbarer, klimatisch begünstigter und strukturell besser ausgestattet, es hatte schon früher die Bezeichnung „Goldene Mark" erhalten.

### Sagenumwobener Kyffhäuser

Der waldreiche Bergrücken des Kyffhäusers erstreckt sich südlich des Unterharzes. Seine höchste Erhebung ist der 477 Meter emporragende Kulpenberg,

**OBEN:** *Hauptturm des Kyffhäuserdenkmals.*
**LINKS:** *Kaiser Barbarossa am Kyffhäuserdenkmal.*
**TOP:** *Main tower of the Kyffhäuser Monument.*
**LEFT:** *Emperor Barbarossa on the Kyffhäuser Monument.*

von dessen Spitze man einen weiten Überblick über das Thüringer Becken hat.

Oberhalb der ehemaligen Kaiserpfalz Tilleda, die hier vom 10.–13. Jahrhundert bestand, wurde zwischen 1890 und 1896 das Kyffhäuserdenkmal in Erinnnerung an Kaiser Friedrich I. Barbarossa errichtet. Der Sage nach soll er hier im Berg an einem steinernen Tisch sitzen und schlafen. Die den Berg umkreisenden Raben sollen ihn wecken, falls sein Reich in Gefahr ist. In diesem Fall würde sich Barbarossa aus seinem Schlaf erheben und dem Land wieder Ehre und Ruhm zurückbringen.

### Erfurt – Hauptstadt Thüringens

An einer Furt durch die Gera gründete 742 Bonifatius das Bistum Erphesfurt, das im Verlauf der späteren Geschichte in den Machtbereich der Mainzer Erzbischöfe gelangte. Schon im 13. Jahrhundert war Erfurt die reichste Stadt Thüringens. Die Versuche, mehr politische Selbstständigkeit zu erlangen, wurden von den Mainzern mit Waffengewalt unterdrückt. Im Jahre 1808 trafen sich auf dem Erfurter Fürstentag der französische Kaiser Napoleon und

**OBEN:** *Erfurter Domplatz mit dem Dom und der Kirche Sankt Severi.*
**LINKS:** *Haus zum Roten Ochsen und Rolandstatue in Erfurt.*

**TOP:** *Erfurt cathedral square with the cathedral and the Church of St. Severus.*
**LEFT:** *Art gallery "Haus zum Roten Ochsen" and Roland statue in Erfurt.*

der russische Zar Alexander I. mit den Fürsten der Rheinbundstaaten. In der nachnapoleonischen Zeit wurde Erfurt preußisch.

Schlagzeilen in der Weltpresse machte Erfurt am 19. März 1970, als sich Bundeskanzler Brandt und DDR-Ministerpräsident Stoph hier zu einem ersten deutschlandpolitischen Gespräch trafen.

Das Stadtbild des heutigen Erfurts wird vom Ensemble aus Dom und Severikirche beherrscht. Mit dem heutigen gotischen Dombau wurde 1349 begonnen, wobei Teile der romanischen Vorgängerbasilika als Turmuntergeschoss Verwendung fanden. Die Severikirche mit ihrer prägnanten Turmfassade entstand gleichfalls im 14. Jahrhundert. Weiterhin sehenswert sind die Ordenskirchen der Franziskaner und Dominikaner sowie die vielen Bauten aus der Renaissance- und Barockzeit, so die Krämerbrücke, das alte Kurmainzer Statthalterpalais, die Zitadelle und manches erhaltene alte Bürgerhaus. Vor allem

🇩🇪 **Links:** *Historisches Brunnenhaus im Stadtteil Popperode von Mühlhausen.*
**Unten:** *Wehrturm am Kreuzgraben in Mühlhausen.*
**Rechte Seite oben:** *Die Kavaliershäuser von Schloss Belvedere in Weimar.*
**Rechte Seite unten:** *Goethe-Schiller-Denkmal vor dem Nationaltheater in Weimar.*
🇬🇧 **Left:** *Historic pump room in Popperode near Mühlhausen.*
**Bottom:** *Watchtower in Kreuzgraben, Mühlhausen.*
**Right page top:** *The cavaliers' houses of Belvedere Palace in Weimar.*
**Right page bottom:** *Statue of Goethe and Schiller in front of the National Theatre in Weimar.*

am Fischmarkt stehen noch eine Reihe von Gebäuden aus dem 16. Jahrhundert. 1505 trat Martin Luther hier als Novize in das Augustinerkloster ein.

### Thomas-Münzer-Stadt Mühlhausen

Mühlhausen an der Unstrut wird im Jahre 775 erstmals als *Molinhuse* urkundlich erwähnt. Im Mittelalter war es eine mächtige kaiserliche Reichsstadt, die 1418 der Hanse beitrat.

1524 gewann der Theologe und Sozialrevolutionär Thomas Münzer die Herrschaft über die Stadt und leitete von hier aus den Bauernaufstand in Thüringen. Bei Bad Frankenhausen unterlag er einem vereinigten Fürstenheer. Münzer wurde daraufhin hingerichtet.

Mühlhausen ist im übrigen eine Stadt, deren Besuch sich lohnt – schon während der DDR-Zeit hat man sich große Mühe mit der Restaurierung der Innenstadt gegeben. Die Stadtmauer mit dem alten Wehrgang ist fast vollständig erhalten. In der historischen Altstadt stehen sehenswerte Bürgerhäuser. Malerisch ist der Innenhof des Rathauses. In der Pfarrkirche St. Blasius aus dem 13./14. Jahrhundert war Johann Sebstian Bach als Organist tätig.

### Weimar – Hauptstadt der deutschen Klassik

Meistfotografiert in der Stadt, in der die Herzöge und späteren Großherzöge (ab 1815) von Sachsen-Weimar residierten, ist das Goethe-Schiller-Denkmal vor dem Deutschen Nationaltheater. Herzog Karl August, im Jahr 1775 18-jährig auf den Thron gekommen, berief Goethe zum Geheimen Rat, der hier 57 Jahre bis zu seinem Tod blieb. Später hielt sich auch Schiller für längere Zeit in Weimar auf. Hier predigten Luther und Herder, und hier war Bach als Hoforganist zu hören. Im 19. Jahrhundert wirkten Franz Liszt und Richard Strauß als Kapellmeister. Weimar war in der Tat für lange Zeit ein Mittelpunkt des deutschen Geisteslebens. Und hier tagte nach dem Ersten Weltkrieg die verfassunggebende Nationalversammlung der Weimarer Republik.

Leider wurden viele der schönen Renaissancehäuser der Altstadt im Zweiten Weltkrieg zerstört. Erhalten aus dieser Zeit ist das Rote Schloss (1574–76) und das Grüne Schloss, im Kern von 1562–69, danach mehrfach verändert und heute Thüringische Landesbibliothek. Die Stadtpfarrkirche wurde barockisiert. Von der Burg des Mittelalters sind nur noch Turmreste und der Torbau erhalten.

## SACHSEN

Der Stamm der Sachsen, zur Römerzeit nördlich der Elbe angesiedelt und während der Völkerwanderungszeit teilweise nach England ausgewandert und dort als Angelsachsen sesshaft geworden, leistete Karl dem Großen erbitterten Widerstand. Letztendlich unterlagen ihm die Sachsen aber. Karl der Große leitete nach ihrer Unterwerfung sofort ihre Christianisierung ein. Im Laufe der Ostkolonisation wanderten verschiedene Stämme in das von Slawen nur dünn besiedelte Gebiet östlich der Sächsischen Saale ein und bildeten dann hier im Kerngebiet des heutigen Bundeslandes Sachsen den Neustamm der Obersachsen.

### Sächsische Schweiz

Das vorwiegend aus Kreidesandsteinen aufgebaute Elbsandsteingebirge zwischen Erzgebirge und Oberlausitz, von der Elbe in einem tiefen Tal durchbrochen, zählt mit der eigenwilligen Formenwelt seiner Felsen zu den reizvollsten Landschaftsbildern Sachsens. Von den schweizerischen Künstlern Adrian Zingg und Anton Graff erhielt diese bizarre Bergwelt im 18. Jahrhundert ihre Bezeichnung als Sächsische Schweiz.

360 Quadratkilometer groß ist das gleichnamige Landschaftsschutzgebiet, ein beliebtes Ausflugsziel für die Dresdener Bevölkerung. Magische Anziehungskraft üben seine 1088 Gipfel auf Kletterer aus. Teilweise 100 Meter ragen die Felswände im Elbtal steil empor.

*Die Basteifelsen mit der Basteibrücke in der Sächsischen Schweiz.*

*The Bastei Rocks with the Bastei Bridge in Saxon Switzerland.*

Von der Felsenburg Neurath führt die in der Mitte des vorigen Jahrhunderts gebaute Basteibrücke zu einer 194 Meter über dem Fluss gelegenen Plattform. Auf dem 360 Meter hohen Königstein an der Elbschleife von Lilienstein thront die gleichnamige Burg, die in der zweiten Hälfte des 16. Jahrhunderts zur stärksten sächsischen Festung ausgebaut wurde.

**Meißen**
Kaiser Otto I. stiftete im Jahre 968 das Bistum Meißen. Die Stadt war im Hochmittelalter das Zentrum der wettinischen Markgrafschaft. Der annähernd dreieckige Burgberg mit Dom und Albrechtsburg beherrscht das Panorama der Stadt, das vom gegenüberliegenden Elbufer besonders beeindruckt.

Vom Fluss ziehen sich die Fachwerkhäuser zum Burgberg hinauf. Hier oben auf der Burg erfand J. F. Böttger das erste europäische Hartporzellan, das seit 1710 in der von August dem Starken gegründeten Meißener Manufaktur unter dem Markenzeichen der gekreuzten Schwerter hergestellt wird und bis heute Weltberühmtheit genießt!

**Messestadt Leipzig**
Mittelalterliche Marktprivilegien förderten den Aufschwung der inmitten der fruchtbaren Leipziger

*OBEN: Blick von der Festung Königstein auf den Lilienstein und die Elbe.*
*UNTEN: Der Steinsaal in der Albrechtsburg von Meißen.*
*TOP: View of Lilienstein Mountain and the Elbe River from Königstein Fort.*
*BOTTOM: Great Stone Hall in the Albrechtsburg, castle in Meissen.*

**Oben:** *Über der Elbe thront die Albrechtsburg in Meißen.*
**Links:** *Das „Weiße Gold" im Meißener Porzellanmuseum.*
**Unten:** *Das Völkerschlachtdenkmal erinnert an den Befreiungskrieg von 1813.*

**Top:** *The Albrechtsburg in Meissen looks out over the Elbe.*
**Left:** *"White Gold" in the Porcelain Museum, Meissen.*
**Bottom:** *The Battle of the Nations Monument is a memorial to the 1813 war of liberation.*

Bucht gelegenen Handels- und späteren Messestadt Leipzig, die sich auch zum Zentrum des deutschen Buch- und Musikalienwesens entwickelte.

Die Leipziger Frühjahrs- und Herbstmessen waren die bedeutendsten Messen Mitteleuropas, und in der Zeit des Kalten Krieges Umschlagplatz des Ost-West-Handels. In Leipzig formierte sich 1989 der Unmut der ostdeutschen Bevölkerung gegen das DDR-Regime mit den Montagsdemonstrationen am nachhaltigsten.

Sehenswert sind in Leipzig die spätgotische Nikolaikirche, die Thomaskirche aus dem 14. und 15. Jahrhundert, an der Johann Sebastian Bach von 1723 bis 1750 Kantor war, das 1556 errichtete Renaissance-Rathaus und das um die Jahrhundertwende

**OBEN:** *Der Mendebrunnen vor dem Cityhochhaus, links das Neue Gewandhaus.*
**RECHTS:** *Denkmal von Johann Sebastian Bach vor der Thomaskirche in Leipzig.*
**UNTEN:** *Die Alte Leipziger Handelsbörse mit der Goethestatue.*

**TOP:** *Mende Fountain with the city's skyscraper and the "Neue Gewandhaus" (left).*
**RIGHT:** *Statue of Johann Sebastian Bach in front of St. Thomas' Church in Leipzig.*
**BOTTOM:** *Leipzig's "Alte Handelsbörse" (Old Exchange) with statue of Goethe.*

anstelle der im 16. Jahrhundert errichteten Pleißenburg entstandene Neue Rathaus. Von den Bürgerhäusern und Handelshöfen sind die Alte Börse (1678–87), das Romanushaus (Anfang des 17. Jahrhunderts) und das Königshaus (1705) erhalten.

Südöstlich von Leipzig steht das kolossale Völkerschlachtdenkmal. An dieser Stelle schlugen die vereinten Truppen Preußens, Österreichs und Russlands unter Blücher, Schwarzenberg und Bernadotte die Armee Napoleons. 120 000 Gefallene blieben zurück – die Schlacht leitete das Ende des französischen Kaiserreiches ein.

## Barockstadt Dresden

Die Prachtbauten August des Starken prägen das Stadtbild Dresdens. Der Zwinger ist eine der beeindruckendsten Barockanlagen seiner Zeit – der Architekt M. D. Pöppelmann errichtete zwischen 1711–28 den Gebäudekomplex als Kette von Pavillons und Galerien um drei Seiten eines großen Hofes als Symbol absolutistischen Herrschertums. Der Figurenschmuck stammt von B. Permoser. Die vierte Seite des Hofes zum Theaterplatz wurde nach Plänen des Architekten Gottfried Semper 1847–54 geschlossen.

Diese Sempergalerie birgt eine einzigartige Gemäldegalerie, deren berühmtestes Werk die „Sixtinische Madonna“ von Raffael ist.

Semper plante auch die nach ihm benannte und von seinem Sohn 1871–78 am Theaterplatz gegenüber errichtete gleichnamige Oper. Ebenfalls am Theaterplatz steht die zwischen 1739 und 1755 ge-

*__Oben:__ Blick über die Elbe auf das historische Dresden mit Brühlscher Terrasse, der Kunstakademie und der Frauenkirche.*
*__Unten:__ Detail am Eingang zur Semperoper in Dresden.*

*__Top:__ View across the Elbe of historical Dresden with Brühl's Terrace, the art academy and the Church of Our Lady.*
*__Bottom:__ Ornate entrance to the Semper Opera House in Dresden.*

**Oben:** *Langgalerie und Kronentor des Dresdener Zwingers.*
**Unten:** *Im Park des Elbschlosses Pillnitz.*

**Top:** *Long Gallery and Crown Gate of Dresden's Zwinger Palace.*
**Bottom:** *The landscaped park of Pillnitz Palace on the Elbe.*

*Oben:* *Das Jagdschloss Moritzburg wurde im 16. Jahrhundert erbaut.*
*Rechts:* *Statue eines PiköÞrs an der Schlossauffahrt der Moritzburg.*
*Top:* *Moritzburg Hunting Lodge was built in the 16th century.*
*Right:* *Statue of a beater at the entrance to the driveway up to the Moritzburg.*

baute barocke Katholische Hofkirche. Berühmt ist ihre Kanzel von Permoser und die Silbermann-Orgel. Am Ufer der Elbe schließt sich die Brühlsche Terrasse an. Am Neumarkt steht die in der schrecklichen Bombennacht vom 13. auf den 14. Februar 1945 fast völlig zerstörte Frauenkirche, ein barockes Meisterwerk, das jetzt wieder aufgebaut wurde.

### Jagdschloss Moritzburg

Nördlich von Dresden im herrlichen Jagdrevier des Friedewaldes errichtete Herzog Moritz 1542–46 ein schlichtes Renaissanceschloss, das August der Starke barock umgestalten ließ. Die Gestaltung des heutigen Baus mit seinen massiven Rundtürmen, dem vergrößerten See und seiner kunstvoll gestalteten Parkanlage geht auf Pläne von M. D. Pöppelmann und Zacharias Longuelune zurück.

### Erzgebirge

Das Erzgebirge bildet auf einer Länge von 140 Kilometern zwischen Elbe und Vogtland die Grenze nach Tschechien. Dieses sächsische Mittelgebirge steigt nach Südosten auf 800 bis 900 Meter Höhe an und stellt mit dem sich im Bereich des südlichen Zscho-

**OBEN:** *Das Technische Museum „Saigerhütte“ in Olbernhau im Erzgebirge.*
**RECHTS:** *Das Bergbaumuseum im erzgebirgischen Freiberg.*
**UNTEN:** *Historisches Hammerwerk in Frohnau bei Annaberg-Buchholz.*

**TOP:** *The “Saigerhütte” Technical Museum in Olbernhau (Erz Mountains).*
**RIGHT:** *The Mining Museum in Freiberg (Erz Mountains).*
**BOTTOM:** *Historic hammer mill in Frohnau near Annaberg-Buchholz.*

pautales 1214 Meter hoch erhebenden Fichtelberg den höchsten Berg der ehemaligen DDR. Das Klima des Erzgebirges ist rau. Auf der den Westwinden ausgesetzten Nordseite fällt jährlich eine Niederschlagsmenge von bis zu 1200 Millimeter. Zur böhmischen Seite im Windschatten finden sich daher auch in größeren Höhen Laubwälder, ansonsten herrschen Fichtenbestände vor, im feuchteren westlichen Erzgebirge auch fichtenbestandene Hochmoore.

**OBEN:** *Im Naturschutzgebiet Kühnhaide im Erzgebirge.*
**RECHTS:** *Nussknacker, typische erzgebirgische Handwerkskunst.*
**TOP:** *Kühnhaide Nature Reserve in the Erz Mountains.*
**RIGHT:** *Nutcrackers, traditional handicraft of the Erz Mountains.*

Die Besiedlung des Erzgebirges begann im 12. Jahrhundert mit der Anlage von Waldhufendörfern. Im Jahre 1163 wurde bei Freiberg Silber gefunden. Mit Bergleuten, die man aus dem Harz herbeiholte, begann man das Edelmetall abzubauen – seither trägt das Erzgebirge seinen Namen.

Mit dem Rückgang des Erzbergbaus brach die Not im Erzgebirge aus. Heimarbeit, z. B. Klöppelarbeiten und das Schnitzen von Holzfiguren und Weihnachtspyramiden, bildete fortan oft die einzige Einnahmequelle. Inzwischen ist der Fremdenverkehr, wie etwa in Oberwiesenthal, in dieses interessante Gebiet eingezogen.

Nach 1945 gewann der Abbau von Uranerzen im Erzgebirge an Bedeutung. Auch wenn er inzwischen eingestellt ist, bereiten seine Rückstände heute doch große Probleme.

### Bautzen in der Oberlausitz

Die Oberlausitz, deren bedeutendste Stadt Bautzen ist, kam erst nach dem Dreißigjährigen Krieg an Sachsen. Seit 1346 gewann der Oberlausitzer Städtebund mit Bautzen, Görlitz, Zittau, Kamenz, Löbau und Lauban zunehmend an eigenständiger Bedeutung. Im 16. Jahrhundert schloss sich der Bund dem evangelischen Glauben an und wurde mit dem Prager Frieden dann allerdings in das kursächsische Territorium eingegliedert.

Bautzen – das ehemalige *Budissin* – ist sorbisches Kulturzentrum mit vielen Institutionen zum Erhalt und zur Erforschung der sorbischen Volkskultur. Zu DDR-Zeiten erlangte Bautzen allerdings traurige Berühmtheit durch die Strafanstalt, in der vornehmlich „Republikflüchtlinge“ bis zum Auskauf durch den Westen ausharren mussten.

Weithin sichtbar liegt die Stadt auf einer Granitplatte oberhalb einer Spreeschleife. Ausgangspunkt der frühmittelalterlichen Siedlung war eine slawische Befestigung, an deren Stelle die Ortenburg errichtet wurde. Der Dom, an dem vom 13. bis zum 15. Jahrhundert gearbeitet wurde, ist die Kathedrale

*OBEN: Bautzen in der Oberlausitz, Blick auf die Altstadt mit der Alten Wasserkunst.*
*RECHTS: Bautzener Hauptmarkt mit Rathaus und Patrizierhäusern.*
*UNTEN: Im Bautzener Dom St. Petri.*
*TOP: View of the Old Town with the Old Waterworks, Bautzen in Upper Lusatia.*
*RIGHT: Bautzen's main market square with the town hall and patrician houses.*
*BOTTOM: Interior of St. Peter's Cathedral, Bautzen.*

des Bistums Meißen, und fällt durch seinen eigenwillig geknickten Grundriss auf.

Weiterhin sehenswert sind die Michaelskirche von 1430, die Alte Wasserkunst – zwischen 1496 und 1558 zur Versorgung und auch als Befestigung angelegt – und das von Patrizierhäusern am Hauptmarkt umgebene, barockisierte, dreigeschossige Rathaus sowie die aufwendig gestalteten historischen Bürgerhäuser, vor allem in der Lauenstraße und in der Reichenstraße.

## FRANKEN

Der fränkische Landschaftsraum umfasst die Gebiete am mittleren und oberen Main und reicht im Süden bis fast an die Donau heran. Das fränkisch-thüringische Herzogtum mit Sitz in Würzbürg wurde um 720 Königsland – um diese Zeit kam auch die Bezeichnung Ostfranken auf.

Im Mittelalter wurde Franken als Reichsland, unter anderem auch von geistlichen Herrschaften, verwaltet. Im Jahr 1168 erhielten die Bischöfe von Würzburg den Titel des Herzogs von Franken, den sie bis zur napoleonischen Zeit innehatten.

### Ober-, Mittel- und Unterfranken

Das heutige Franken unterteilt sich im Wesentlichen in die bayerischen Regierungsbezirke Ober-, Mittel- und Unterfranken. Hierzu zählen die bekannten und beliebten Ferienregionen des Maintals, der Rhön, des Spessarts und des Odenwaldes, des Steigerwaldes, des Fichtelgebirges, des Frankenwaldes, der Haßberge, des Neuen Fränkischen Seenlandes und der Frankenalb mit der Fränkischen Schweiz – das Altmühltal liegt bereits südlich von Mittelfranken.

Unterfranken ist der nordwestlichste Teil Bayerns zwischen Aschaffenburg, wo der Main in die Oberrheinische Tiefebene eintritt, und Schweinfurt. Das Zentrum bildet das Fränkische Weinland um Würzburg. Die Bischofsstadt Würzburg ist Verwaltungszentrum Unterfrankens. Mittelfranken umfasst im weitesten Sinn den Großraum von Nürnberg zwischen den Landkreisen Neustadt an der Aisch im Norden und Weißenburg im Süden. Verwaltungssitz Mittelfrankens ist Ansbach. Oberfranken erstreckt sich zwischen Bamberg und Hof, Verwaltungssitz ist Bayreuth. Alle drei fränkischen Landschaften bilden jeweils bayerische Regierungsbezirke.

### Der Main

Der alles verbindende fränkische Fluss ist der Main. Er entsteht bei Kulmbach aus seinen beiden Quellflüssen, dem im Fichtelgebirge entspringenden Weißen Main und dem Roten Main vom Ostrand der Fränkischen Alb. Im Erdzeitalter des Tertiär verlief der Main noch über die Rednitzsenke durch das Altmühltal zur Donau hin – diese Trasse wurde für den Main-Donau-Kanal genutzt, der die Nordseee mit dem Schwarzen Meer verbindet. Heute wendet sich der Main bei Bamberg westwärts und fließt durch die von ihm geschaffene Senke zwischen Steigerwald und Haßbergen, bildet dann das Maindreieck mit den Eckpunkten Schweinfurt, Ochsenfurt und Gmünden, um dann in das Mainviereck bis Aschaf-

**Linke Seite:** *Riedenburg im Naturpark Altmühltal, oben die Rosenburg.*
**Oben:** *Weinberge bei Würzburg, hier gedeihen die Trauben für den „Bocksbeutel".*
**Unten:** *Blick auf Nordheim mit der Mainschleife.*

**Left page:** *The town of Riedenburg in Altmühltal Nature Park overlooked by Rosenburg castle.*
**Top:** *Vineyards near Würzburg where the grapes grow for "Bocksbeutel" wine (distinctive shaped bottle).*
**Bottom:** *View of Nordheim and the meandering River Main.*

*Fachwerkidylle in der Altstadt von Miltenberg am Main.*
*Picturesque half-timbered houses in the old part of Miltenberg on the Main.*

fenburg überzugehen. Unterhalb von Aschaffenburg tritt der Main in die Rheinische Tiefebene ein und mündet kurz vor Mainz in den Rhein.

### Fachwerkidylle Miltenberg

Das altfränkische Städtchen am zweituntersten Knick des Mainvierecks ist einen Ausflug wert. Mit seinem Ensemble aus einheitlichen Fachwerkhäusern am – Schnatterloch genannten – Marktplatz unterhalb der zwischen dem 13. und 15. Jahrhundert errichteten Mildenburg, verfügt Miltenberg über einen der schönsten Plätze Deutschlands.

### Residenzstadt Würzburg

Würzburg liegt zum größten Teil am rechten Mainufer im sogenannten Maindreieck und ist wirtschaftlicher und kultureller Mittelpunkt Mainfrankens. Das Stadtbild, das im Wesentlichen von der barocken Bauleidenschaft ihrer Fürstbischöfe geprägt worden ist, wird vom linksmainischen Marienberg mit der ehemaligen Festung überragt.

Der bedeutendste Kirchenbau Würzburgs ist der um 1040 begonnene Dom St. Kilian, dessen Ostteile in der ersten Hälfte des 13. Jahrhunderts erneuert wurden. Die Barockisierung erfolgte im 18. Jahrhundert. Weiterhin sehenswert sind die Marienkapelle aus dem 14. und 15. Jahrhundert, die Hauger Stiftskirche vom Ende des 17. Jahrhunderts, die 1743 umgebaute Augustinerkirche sowie das Käppele, eine Wallfahrtskirche auf dem Nikolausberg.

Unter den weltlichen Bauten ragen das Rathaus aus dem 13. bis 17. Jahrhundert, die Alte Universität, das Juliusspital und die vielen schönen alten Paläste und Bürgerhäuser der Innenstadt heraus. Erwähnenswert ist auch die Alte Mainbrücke am Mainkai, eine technische und künstlerische Meisterleistung aus den Jahren 1473–1543. Die Statuen sind barocke Beigaben, die heute allerdings als Kopien auf der Brücke stehen. Auf dem Marienberg, hoch über dem Main, residierten von 1253 bis 1720 die Bischöfe. Die ältesten Teile der hier angelegten Festung stammen aus dem 13. Jahrhundert. Nach Bränden in den Jahren 1572 und 1600 gab Bischof Julius Echter von Mespelbrunn der Anlage den Charakter einer Renaissance-Residenz, die bis 1650 um Bastionen und mächtige Mauern erweitert wurde. Das militärische Aussehen der Anlage wird allerdings durch die Rebgärten, die sich von der Festung bis fast zum Main herunterziehen, abgemildert.

Die zwischen 1740 und 1770 errichtete und mit prachtvollen Gärten versehene Würzburger Residenz

**Oben:** *Festung Marienberg oberhalb des Mains in Würzburg.*
**Unten:** *Der Frankoniabrunnen in der Residenz von Würzburg.*

**Top:** *Marienberg Citadel high above the River Main in Würzburg.*
**Bottom:** *Franconia Fountain at the Residenz Palace of Würzburg.*

zählt zu den glanzvollsten Fürstenhöfen Europas, an ihr haben die berühmtesten zeitgenössischen Baumeister Europas mitgewirkt. Zusammen mit den Architekten Lucas von Hildebrandt aus Wien sowie

*OBEN: Das prächtige Treppenhaus der fürstbischöflichen Residenz zu Würzburg.*
*LINKS: Skulptur des Bamberger Reiters im Dom von Bamberg.*

*TOP: The magnificent staircase in the Residenz of the Prince Bishop of Würzburg.*
*LEFT: Sculpture of the Equestrian of Bamberg in Bamberg Cathedral.*

Robert de Cotte und Germain Boffrand aus Paris zeichnete der Hofbaumeister des Fürstbischofs, Balthasar Neumann, die Ausführungspläne.

Bildhauer und Stukkateure kamen aus Italien, Flandern und München. Der Venezianer Giovanni Battista Tiepolo malte das berühmte Deckenfresko über dem Treppenhaus, der größten Meisterleistung Balthasar Neumanns, sowie die Wandbilder im Kaisersaal. Das Spiegelkabinett der Residenz, eine der großen Meisterleistungen des Rokoko, entstammt den Jahren 1742 bis 1745.

**Bischofsstadt Bamberg**

Die Altstadt der oberfränkischen Stadt Bamberg lässt ihre frühmittelalterlichen Grundstrukturen noch klar erkennen. Bamberg bildet auch heute noch ein Stadtensemble von höchster kulturhistorischer Bedeutung – über 1000 seiner Häuser stehen unter Denkmalschutz. Mit der Gründung des Bistums Bamberg wollte Kaiser Heinrich II. nördlich der Alpen ein „zweites Rom“ schaffen. Aus dem Giebel-

**Oben:** *Kloster St. Michael auf dem Michelsberg in Bamberg.*
**Unten:** *Das Alte Rathaus in Bamberg, es beherbergt eine der größten Porzellansammlungen Europas.*

**Top:** *St. Michael's Abbey on Mt. Michelsberg in Bamberg.*
**Bottom:** *Bamberg's Old Town Hall, which houses one of Europe's biggest collections of porcelain.*

**Oben:** *Das Festspielhaus von Bayreuth.*
**Unten:** *Neues Schloss der Eremitage mit dem Sonnentempel, Bayreuth.*
**Top:** *Bayreuth Festival Hall.*
**Bottom:** *The New Palace with the Sun Temple in the Hermitage (park), Bayreuth.*

wirrwarr roter Ziegel- und blauer Schieferdächer ragen die Türme der vielen Kirchen der Stadt empor. Herausragendes Bauwerk ist der Dom mit dem berühmten Bamberger Reiter aus dem 13. Jahrhundert und dem Marienaltar von Veit Stoß aus dem Jahr 1523. Daneben liegt die Alte Hofhaltung mit den Resten der Königspfalz. Berühmt und häufig fotografiert ist auch das Alte Rathaus, das mitten in der Regnitz liegt.

### Festspielstadt Bayreuth

Von den „Bayern gerodet" – Bayreuth wird 1194 erstmals erwähnt, erhält 1231 Stadtrecht und wird 1603 Residenz. Unter ihrem Markgraf Friedrich und seiner Gemahlin Wilhelmine, der Lieblingsschwester Friedrich des Großen, erlebt sie im 18. Jahrhundert ihre Blütezeit. So entstanden von 1744–48 das Markgräfliche Opernhaus, ein wunderschöner barocker Theaterbau, das Neue Schloss und die Eremitage im Nordosten der Stadt.

Die Kulturtradition Bayreuths zog nicht nur Richard Wagner an, sondern zuvor schon Jean Paul und auch Franz Liszt. Aber die Wagnerfestspiele sind es, die Bayreuth berühmt gemacht haben. Gleichzeitig hat sich Bayreuth seinen Reiz als altfränkische Stadt mit ihren vielen schönen Patrizierhäusern erhalten können.

### Rothenburg ob der Tauber

Den Inbegriff eines mittelalterlichen deutschen Stadtbildes bietet das mittelfränkische Rothenburg ob der Tauber. Die Altstadt ist vollständig erhalten.

**OBEN:** *Blick auf das mittelfränkische Rothenburg mit der Doppelbrücke über die Tauber.*
**RECHTS:** *Markusturm und das Rödertor in Rothenburg.*
**TOP:** *View of Rothenburg with the double bridge across the River Tauber, Middle Franconia.*
**RIGHT:** *The Markus Tower and Röder Arch in Rothenburg.*

Sie wird von einem Mauerring mit Wehrgang sowie Türmen und Toren, wie dem Äußeren Röder-, dem Würzburger- und dem Klingentor umschlossen. Mittelpunkt der Stadt ist der Marktplatz, an dem sich das Rathaus aus dem 13. und 16. Jahrhundert mit seinem Giebelturm und der Ratsherrentrinkstube mit dem Figurenspiel des Meistertrunks befindet. In beherrschender Lage steht die gotische Stadtpfarrkirche St. Jakob mit dem weltberühmten Zwölfbotenaltar aus dem Jahr 1466 sowie dem Heiligblutaltar, den Tilman Riemenschneider zwischen 1499 und 1505 schuf.

**Freie Reichsstadt Nürnberg**
Der alte Kern der im Jahre 1050 erstmals bezeugten Stadt teilt sich, wie noch zu erkennen ist, in die Burgseite mit der Kirche St. Sebaldus sowie in die Lorenzer Seite mit St. Lorenz. Nürnberg hat wie kaum eine andere Stadt das Geistes- und Kulturleben in Deutschland über Jahrhunderte mitgestaltet. Es ist nicht nur die Stadt Albrecht Dürers und des Uhrmachers Peter Henlein, des Nürnberger Trich-

ters, der ersten Eisenbahn und des Humanisten Pirckheimer, es ist auch die Stadt der Rassengesetze und der NS-Parteitage.

Beide Altstadtkerne verschmolzen im Mittelalter miteinander. Von der Bauwut des Barock blieb die Stadt verschont und konnte damit ihr mittelalterliches Stadtbild erhalten – doch der Zweite Weltkrieg ließ nicht viel davon übrig. Vor allem die Butzenscheibenromantik, die das bürgerliche Nürnberg kennzeichnete, ist für immer verloren. Doch auch heute noch ist das Bild der alten Reichsstadt, die Nürnberg bis 1806 gewesen ist, zu erkennen.

Die Burg, auf einem Felsen gelegen, stammt in ihren ältesten Teilen aus dem 11. Jahrhundert und ist in die drei Baugruppen der Kaiserstallung, der Burggrafenburg und der Kaiserburg gegliedert. Der letzte Befestigungsring aus dem 14. und 15. Jahrhundert

***Links:*** *„Männleinlaufen" an der Nürnberger Frauenkirche.*
***Unten:*** *Weinstadel mit Henkersteg an der Pegnitz in Nürnberg.*

***Left:*** *Mechanical figures of the clock on the Church of Our Lady, Nuremberg.*
***Bottom:*** *The Wine Store and Hangman's Bridge on the River Pegnitz in Nuremberg.*

**OBEN:** *Blick über die Dächer der Nürnberger Altstadt.*
**RECHTS:** *Das Dürerhaus in Nürnberg am Tiergärtnertorplatz.*
**TOP:** *Looking across the roofs of Nuremberg's Old Town.*
**RIGHT:** *Albrecht Dürer's House at Tiergärtnertor Square in Nuremberg.*

ist mit seinen Toren und Türmen sogar noch weitgehend erhalten.

Von den zerstörten historischen Bauten sind viele wieder errichtet worden. Dazu zählt die 1350 fertiggestellte Lorenzkirche mit dem Hallenchor von 1439–77 und dem „Englischen Gruß", einer Verkündigungsszene von Veit Stoß, die Frauenkirche aus dem 14. Jahrhundert auf der Ostseite des Hauptmarktes mit dem Figurenspiel des Männlein-Laufens und dem Tucherschen Altar aus der Zeit um 1440, die St.-Sebaldus-Kirche aus dem 13. Jahrhundert mit dem Sebaldus-Grab, dessen Gehäuse Peter Vischer d.Ä. zwischen 1508 und 1519 schuf, sowie das Rathaus aus dem 14. Jahrhundert, das ab 1616 im Stil eines italienischen Stadtpalastes erneuert wurde. Zu den wiedererrichteten Gebäuden zählen viele Bürgerhäuser, so das Albrecht-Dürer-Haus unterhalb der Burg, das der Maler 1509 erwarb, und in dem er bis zu seinem Tod im Jahr 1528 lebte.

## AM OBERRHEIN

Die Oberrheinische Tiefebene erstreckt sich als 30 bis 50 Kilometer breites und 300 Kilometer langes Tal zwischen Basel und Mainz. Geologisch handelt es sich bei dem Oberrheintal um den Grabenbruch zwischen Vogesen und Schwarzwald, der sich in der Zeit der Alpenauffaltung bildete. Dieser Grabenbruch hat am rheinseitigen Rand des Schwarzwaldes tief zertalte Abbrüche hinterlassen, die eine reizvolle, kontrastreiche Landschaft zur flachen Flussebene bilden. Hier am Gebirgsrand wurde eiszeitlicher Löss angeweht, ein fruchtbarer Boden für den Obst- und Gemüseanbau und vor allem für den Weinanbau. Badischer Wein ist in der Tat von der Sonne verwöhnt, denn die Oberrheinische Tiefebene gehört zu den klimatisch begünstigsten Gebieten Deutschlands. Je weiter sich die Oberrheinebene flussabwärts dem Zustrom des Mains nähert, treten die begrenzenden Gebirgszüge wie der Pfälzer Wald im Westen und der Odenwald im Osten, zurück.

### Die Kurpfalz zwischen Rhein und Westrich

Im mittelalterlichen Frankenreich wurde mit der Pfalz, abgeleitet vom lateinischen *palatium*, der befestigte Wohnsitz eines Herrschers bezeichnet. Karl der Große hatte eine ganze Reihe solcher Pfalzen – die Kaiserpfalzen – im Deutschen Reich angelegt. Die Kurpfalz entstand ursprünglich durch Verlegung der lothringischen Pfalzgrafschaft von Aachen an

*__Oben:__ Die Reben lieben das warme Klima des Oberrheins.*
*__Rechts:__ Der seltene Schwarzstorch in den Rheinauen bei Rastatt.*
*__Unten:__ Uriger Auwald am Oberrhein.*

*__Top:__ Vines thrive in the warm climate of the Upper Rhine.*
*__Right:__ A rare black stork in the Rhine wetlands near Rastatt.*
*__Bottom:__ Natural alluvial forest on the Upper Rhine.*

den Oberrhein. Hier regierten die Pfalzgrafen und späteren Kurfürsten der Pfalz von Heidelberg, und nach dessen Zerstörung durch die Franzosen von Mannheim aus. Nach den napoleonischen Kriegen bis zum Ende des Zweiten Weltkrieges war die Kurpfalz dann ein linksrheinischer Regierungsbezirk Bayerns, der die Gebiete der mittleren Oberrheinischen Tiefebene, den Pfälzer Wald, das Pfälzer Bergland und den Westrich umfasste.

**Der Dom zu Speyer**
Am nördlichen Oberrhein entstanden im Hochmittelalter bedeutende romanische Kirchenbauten – hierzu zählt der Dom zu Speyer, der in zwei großen Bauphasen zwischen 1025/61 und 1082/1106 errichtet wurde. Die salischen Kaiser hatten ihn als ihre Grablege erkoren. Unverkennbar ist das Vorbild des Hildesheimer Doms, dessen Grundriss hier weiterentwickelt wurde. Der Einfluss des Speyrer Doms auf die romanische Architektur des 11. und 12. Jahrhunderts ist nicht zu übersehen. Seine Kennzeichen sind die ausgewogene Verteilung des Baukörpers im Osten und im Westen und die symmetrische Anordnung der vier Türme an den Ecken von Langhaus und Querhaus.

**Nibelungenstadt Worms**
Worms ist eine der geschichtsträchtigsten Städte Deutschlands. Zurückgehend auf eine römische Gründung gehörte die Stadt in der Völkerwanderungszeit zum Burgunderreich, als dessen Mittelpunkt es im Nibelungenlied besungen wird. Um 600 war Worms Sitz der Königin Brunhilde und entwickelte sich dann zu einer der bedeutendsten Städte des mittelalterlichen Deutschen Reiches. In den Auseinandersetzungen zwischen Kaisertum und Papsttum spielten die Bischöfe von Worms eine entscheidende Rolle. Hier fanden bis zum 16. Jahrhundert

***Oben:** Der gewaltige Dom zu Speyer.*
***Links:** Das Westwerk mit Portal des Doms.*
***Top:** Speyer Cathedral, a huge Roman cathedral.*
***Left:** The west wing and main entrance to the cathedra.*

**Oben:** *Der Dom St. Peter In Worms.*
**Unten:** *Wandfiguren „Mariä Verkündigung" im Dom St. Peter.*
**Top:** *St. Peter's Cathedral in Worms.*
**Bottom:** *Figures depicting the Annunciation in St. Peter's Cathedral.*

mehr als 100 Reichstage statt. Im Jahre 1521 wurde auf einem solchen Reichstag über Martin Luther die Reichsacht verhängt.

Sichtbarstes Zeichen bischöflicher Repräsentanz ist der Wormser Dom, ein Meisterwerk des deutschen spätromanischen Kirchenbaus. Die doppelchörige Pfeilerbasilika wurde auf den Grundmauern des ottonischen Vorgängerbaus im 12. und 13. Jahrhundert errichtet. Wuchtig erhebt sich der Westchor mit den flankierenden Rundtürmen. Besonders reich ist die figürliche Ausstattung des Baus. Aus romanischer Zeit stammen noch die Tierdarstellungen an den Sohlbänken der Fenster und an der Zwerggalerie des östlichen Chors sowie Skulpturen im Inneren des Doms. Der große Figurenzyklus am Südportal ist bereits gotisch. Von Balthasar Neumann, dem großen Baumeister des 18. Jahrhunderts, stammt der herrliche barocke Hochaltar.

## Romantisches Heidelberg

Der Traum der Amerikaner von Romantik erfüllt sich in Heidelberg. Am Austritt des Neckars aus dem Odenwald in die Oberrheinische Tiefebene gelegen, zählt Heidelberg wegen seiner schönen Altstadt, wegen seiner Lage, wegen seiner Umgebung und vor allem wegen seiner faszinierenden Burgruine zu den schönsten Städten Deutschlands. Der Stadtkern mit seinen engen Straßen und roten Backsteinbauten zieht sich am linken Neckarufer hin – alles überragt von der Heidelberger Schlossruine. Diese Ruine verdanken die Heidelberger den Franzosen, die im Pfälzischen Erbfolgekrieg Ende des 17. Jahrhunderts sich für immer am Rhein festsetzen wollten und Heidelberg als Residenz der Pfälzer Kurfürsten zerstörten. Im Rahmen der napoleonischen Gebietsreformen kam Heidelberg dann zu Baden.

Die bereits im 14. Jahrhundert gegründete Universität zählt noch heute zu den bedeutenden wissenschaftlichen Zentren Deutschlands und der Welt.

## Die Residenzstädte Karlsruhe und Mannheim

Markgraf Karl Wilhelm von Baden legte 1715 im Hardtwald, seinem Jagdrevier unterhalb Durlachs, den Grundstein für eine neue Residenz. Deren Mittelpunkt ist das Schloss, für das zuerst der achteckige Turm errichtet wurde, und von dem 23 Straßen strahlenförmig ausgehen. Die neun südlichen Straßen erschließen fächerförmig das Stadtgebiet, die anderen Straßen das angrenzende Waldgebiet. An die weit ausgreifenden Schlossflügel schließen sich Nebengebäude nach genau festgelegter Höhe und Bauweise an. An dieser „Carols Ruhe" ist seit 1749 bis 1781 durch Um- und Neubauten viel verändert worden, wobei allerdings der Grundriss des alten Plans, wonach die rechtwinklig zueinander stehenden Flü-

**OBEN:** *Blick auf Heidelberg mit der Schlossanlage.*
**UNTEN:** *Wandmalerei im Studentenkarzer der Universität Heidelberg.*
**RECHTS:** *Statue der Minerva auf der Alten Brücke in Heidelberg.*

**TOP:** *Looking towards Heidelberg, the castle grounds and the River Neckar.*
**BOTTOM:** *Wall painting the Student Prison at Heidelberg University.*
**RIGHT:** *Statue of Minerva on the Old Bridge in Heidelberg.*

gel des Schlosses mit ihren Nebengebäuden die große Gartenanlage umfassen, erhalten blieb.

Mannheim wurde von den Pfälzer Kurfürsten zu Beginn des 17. Jahrhunderts planmäßig angelegt und diente ihnen nach der Zerstörung Heidelbergs im 18. Jahrhundert als Residenzstadt. Im Zuge der napoleonischen Neuordnung kam es – ebenso wie Heidelberg – zu Baden und ist heute zweitwichtigste Industriestadt Baden-Württembergs.

Die nach quadratischem Muster angelegte Altstadt wird von einer Ringstraße umgeben und nach Südwesten durch den Schlossgarten vom Rhein getrennt. Das Quadratschema wurde beim Wiederaufbau nach den Zerstörungen des Zweiten Weltkrieges beibehalten, jedoch lockerte man die Häuserfronten auf und schuf Arkaden, Plätze und Passagen.

### Die Schlösser von Rastatt

Als die Franzosen 1689 das Schloss von Baden, in dem die Markgrafen seit 1479 residiert hatten, weitgehend zerstört hatten, verlegten sie ihren Sitz nach Rastatt. Hier schuf Ludwig Wilhelm, auch Türkenlouis genannt, mit seiner Gemahlin Sibylla Augusta von Sachsen-Lauenburg, eine planmäßig angelegte

***Oben:*** *Das Karlsruher Schloss wurde 1715 als Residenz des Markgrafen errichtet.*
***Unten:*** *Jugendstilbau der Mannheimer Konzerthalle im Kongresszentrum Rosengarten.*
***Top:*** *Karlsruhe Castle, a residence built for the Margrave in 1715.*
***Bottom:*** *The Mannheim Concert Hall built in art nouveau style, Congress Centre Rosengarten.*

Residenzstadt, die dem Vorbild von Versailles folgte und sich um sein von einem Park umgebenes Schloss anordnete.

Das von dem Baumeister Domenico Egidio Rossi konzipierte Rastatter Schloss kann zweifelsohne für sich in Anspruch nehmen, zu den schönsten Barockbauten Deutschlands zu zählen und seinen italienischen Vorbildern ebenbürtig zu sein. Den schönsten Blick auf diese altrosafarbene Pracht hat man vom Park aus.

Ganz reizvoll und fast versteckt von inzwischen mächtig gewordenen Parkbäumen liegt fünf Kilometer südlich von Rastatt Favorite, das Lustschlösschen der Markgräfin, das sie nach dem Tod ihres Gemahls nach eigenen Vorstellungen errichten ließ. Architektonischer Schwerpunkt des Baus ist die Gartenseite mit der doppelseitig geschwungenen Freitreppe. Das Innere ist kostbar ausgestattet. Der Speisesaal, die fürstlichen Wohnräume und vor allem die Prunkküche sind ausgesprochen sehenswert.

***Oben:*** *Blick vom Schlosspark auf das Residenzschloss Rastatt.*
***Links:*** *Historischer Wasserturm in Mannheim.*
***Top:*** *View of Rastatt Palace from the palace grounds.*
***Left:*** *Historic Water Tower in Mannheim.*

### Schwarzwald

Der Schwarzwald zählt zu den großen Mittelgebirgen Deutschlands. Er erstreckt sich im Südwesten auf einer Länge von 160 Kilometern zwischen Hochrhein im Süden und dem Kraichgau im Norden. Er verjüngt sich von Süden mit einer Breite von 60 Kilometern nach Norden, wo er nur noch eine Breite von 22 Kilometern aufweist. Nach Westen fällt er recht steil zur Oberrheinischen Tiefebene hin ab, nach Osten erfolgt eine allmähliche Abdachung zum Einzugsgebiet des Neckars.

Geologisch gehört der Schwarzwald als Teil des Variskischen Gebirges zu den erdgeschichtlich „alten" Bergzügen. Seine höchsten Erhebungen befinden sich im Süden. In der Eiszeit wurden die hoch gelegenen Täler und Kuppen des Schwarzwaldes mit Eis überdeckt und es entstanden Kare wie etwa der Feldsee und durch Moränen aufgestaute Seen wie etwa der Titisee und der Schluchsee. Bis ins Mittelalter war der Schwarzwald weitgehend unbesiedelt. Im 16. Jahrhundert gab es bedeutenden Silberbergbau, und der Holzreichtum seiner Wälder ließ eine breit gefächerte Forst- und Holzwirtschaft mit Köhlereien und Glashütten entstehen. In moderner Zeit kam die Möbel- und Papierherstellung dazu. Heimgewerbe wie die Uhrenherstellung, die seit dem 18. Jahrhundert im Schwarzwald Fuß fasste, bildeten die Grundlage für feinmechanische und weiterverarbeitende Industrie. Heute sind der sommerliche Fremdenverkehr, der Wintersport und die Heilbäder sehr wichtige Erwerbsquellen.

### Die Zähringerstädte Freiburg und Villingen

Am Austritt des Dreisamtals in die Oberrheinebene liegt Freiburg am Westhang des Südschwarzwaldes. Von den Zähringer Herzögen Berthold III. und Konrad III. 1120 gegründet, nahm die Stadt raschen Aufschwung durch Handel und nahegelegenen Bergbau im Schwarzwald. Später war Freiburg lange im Besitz der Habsburger und Sitz der Verwaltung Vorderösterreichs. Zentrum der Stadt ist der Marktplatz mit dem Münster Unserer Lieben Frau. Das spätromanische Querhaus stammt von 1200, das dreischiffige Langhaus aus dem 13./14. Jahrhundert. Sehenswert sind darüber hinaus die gotische Martinskirche, die zwei Rathäuser, das Alte Rathaus aus dem 16. Jahrhundert und das Neue Rathaus von 1900.

Villingen, am Ostrand des Schwarzwaldes auf der Höhe der Baar gelegen, in die der Schwarzwald hier übergeht, ist 817 zum ersten Mal bezeugt und wurde von den Zähringern 1119 neu gegründet. Der mittelalterliche Altstadtkern und die Stadtmauer sind weitgehend erhalten. Der ursprünglich romanische Baukörper des Münsters Unserer Lieben Frau brannte Ende des 13. Jahrhunderts ab und wurde im frühgotischen Stil wiedererrichtet, wobei das romanische Doppeltor an der Südseite erhalten blieb.

Im ehemaligen Franziskanerkloster beim Riettor sind die Grabbeigaben aus einem keltischen Fürsten-

**Oben:** *Radmacher-Brunnen in Villingen-Schwenningen.*

**Links:** *Fassade des historischen Kaufhauses aus dem Jahr 1520 am Münsterplatz in Freiburg.*

**Top:** *Wheelwright's water trough in Villingen-Schwenningen.*

**Left:** *Facade of the historical Merchants' House on Minster Square in Freiburg, built in 1520.*

*OBEN: Blick auf das Münster von Freiburg.*
*RECHTS: Freilichtmuseum Vogtsbauernhof bei Gutach im Schwarzwald.*
*TOP: View of Freiburg's Minster and the Old Town.*
*RIGHT: Vogtsbauernhof Open Air Museum near Gutach in the Black Forest.*

grabhügel des 6. Jahrhunderts v. Chr. vom nahe gelegenen Magdalenenberg ausgestellt.

### Der Vogtsbauernhof von Gutach

Das typische Bauernhaus im Schwarzwald ist ein mächtiger Einzelhof, dessen Giebelseite gegen die Landstraße und die rückwärtige Seite zum Hang hin gestellt ist, sodass die Tenne unter dem Dachgebälk bequem von hinten angefahren werden kann.

Im Schwarzwälder Freilichtmuseum in Gutach können drei Typen der Schwarzwaldhäuser aus dem 16. bis 18. Jahrhundert besichtigt werden. Der Vogtsbauernhof ist ein Holzbau aus dem Jahre 1570 mit gemauertem Küchenblock und repräsentiert das „Gutacher Haus", der Hippenseppenhof von 1599 ist ganz aus Holz konstruiert und repräsentiert den Typ des Hochschwarzwaldhauses, und schließlich der Lorenzenhof von 1746, ein Steinbau des „Kinzigtäler" Haustyps. Die Häuser sind mit Einrichtungsgegenständen aus ihrer Entstehungszeit ausgestattet.

## SCHWABEN

Der Name des germanischen Volksstammes der Schwaben taucht erstmals im Zuge der Abwanderung der Alemannen in keltische und später römische Gebiete Südwestdeutschlands, des heutigen Elsass und der Nordschweiz auf. Im 6. Jahrhundert gerieten die Alemannen unter fränkische Hoheit. Die Herrscher des neu gegründeten Herzogtums Schwaben, die Staufer, trugen sogar die Reichskrone. Nach dem Tod des letzten Staufers Konradin im Jahre 1268, löste sich ihr Besitz in viele Einzelterritorien auf. Heute versteht man unter den Schwaben stammesmäßig die schwäbisch sprechenden Bewohner Altwürttembergs, Oberschwabens und Bayerisch Schwabens. Die schwäbischen Kernlandschaften werden von dem Neckarraum, der Schwäbischen Alb, dem südlich vorgelagerten Abschnitt des Donautals, dem sich zwischen Bodensee und Lech erstreckenden Oberschwaben und vom Gebiet am Bodensee gebildet.

### Malerischer Neckar

Der Neckar durchfließt die Württembergischen Lande in ihrer ganzen Ausdehnung. Er entspringt in 706 Metern Höhe auf der Baar, jener Hochfläche, die östlich an den Südschwarzwald angrenzt. Auf seinem 367 Kilometer langen Weg zur Mündung in den Rhein bei Mannheim durchbricht er in steilwandigen Tälern, wie etwa bei Rottweil im Oberlauf oder bei Besigheim unterhalb von Stuttgart, die umgebenden

**OBEN:** *Blick von den Hessigheimer Felsengärten auf die Neckarschleife.*
**LINKS:** *Schwäbisch-alemannische Fasnet in Rottweil. Die meist aus Holz gefertigten Masken werden oft über Generationen vererbt.*
**RECHTS:** *Romantischer Winkel in Esslingen am Neckar.*

**TOP:** *Looking from the Hessigheim rock gardens at the meandering River Neckar.*
**LEFT:** *Swabian-Alemannic carnival masks in Rottweil. The masks are often handed down through the generations.*
**RIGHT:** *Romantic corner of Esslingen on the Neckar.*

Muschelkalkhochflächen, oder durchfließt weite Talauen, wie etwa das Stuttgarter oder Heilbronner Bekken. Unterhalb Neckarelz windet sich der Neckar durch die Südausläufer des Odenwaldes in einem tief eingeschnittenen, malerischen Tal, um dann kurz vor seiner Mündung bei Heidelberg in die Oberrheinebene einzutreten.

**Landeshauptstadt Stuttgart**

Stuttgart geht auf eine frühmittelalterliche Siedlung an einem herrschaftlichen Gestüt zurück. Sie ent-

wickelte sich im Spätmittelalter zu einer bedeutenden Weingärtner- und Handwerkerstadt und erreichte ihren Glanz als Residenzstadt der Württemberger. Diese Tradition setzt sich in dem großen Theaterengagement der Stadt fort – heute zählt Stuttgart zu den bedeutenden Bühnenstädten der Bundesrepublik, und sein Ballett genießt sogar internationalen Ruf.

Sehenswert im Stadtbild sind die Stiftskirche, das Wahrzeichen der Stadt aus dem 14. bis 16. Jahrhundert, das Alte Schloss, das zwischen 1553 und 1578 von einer mittelalterlichen Wasserburg in ein Renaissanceschloss umgebaut wurde, sowie das Neue Schloss, ein imposanter Barockbau, der in der zweiten Hälfte des 18. Jahrhunderts entstand.

***Oben:*** *Schloss Solitude bei Stuttgart.*
***Unten:*** *Der Schlossplatz befindet sich mitten im Zentrum Stuttgarts.*
***Top:*** *Solitude Palace near Stuttgart.*
***Bottom:*** *Palace Square in the centre of Stuttgart is one of the city's main attractions.*

Vor den Toren Stuttgarts errichtete Herzog Karl Eugen sein „einsames“ Lustschloss Solitude. Der strahlend weiße Kuppelbau entstand zwischen 1763 und 1767 und zeigt Übergänge vom Rokoko zum Klassizismus. Die geschwungene Freitreppe steht ein wenig im Gegensatz zu den eher nüchtern wirkenden Innenräumen. In den ehemaligen Seitengebäuden sind heute Kunststipendiaten untergebracht.

**OBEN:** *Neues Schloss mit Schlossplatz und der Jubiläumssäule mit Göttin Concordia in Stuttgart.*
**LINKS:** *Brunnen auf dem Schlossplatz, hinten die Stuttgarter Stiftskirche.*
**UNTEN:** *Das Schiller-Denkmal auf dem Stuttgarter Schillerplatz.*

**TOP:** *The New Palace, Palace Square and the Jubilee Column with a statue of the goddess Concordia, Stuttgart.*
**LEFT:** *Palace Square fountain; Stuttgart's Collegiate Church in the background.*
**BOTTOM:** *Statue of Schiller on Schiller Square, Stuttgart.*

**OBEN:** *Seeschloss Monrepos in Ludwigsburg.*
**LINKS:** *Das Schloss Ludwigsburg ist die größte barocke Schlossanlage Deutschlands.*
**UNTEN:** *Kreuzgang im Kloster Maulbronn.*
**TOP:** *Monrepos Lakeside Palace in Ludwigsburg.*
**LEFT:** *Ludwigsburg Palace, Germany's biggest baroque palace complex.*
**BOTTOM:** *Maulbronn Monastery cloister.*

### Schloss Ludwigsburg – der Traum von französischer Hofhaltung

Das Versailler Schloss war – nicht nur für viele deutsche Fürsten – Vorbild höfischen Lebens. Viele Herrscher wollten es dem Sonnenkönig gleichtun, so auch Herzog Eberhard Ludwig von Württemberg, der 1704 den Bau des Ludwigsburger Schlosses in Auftrag gab. Die Vierflügelanlage war nach mehreren Erweiterungen bei seinem Tod fast vollendet. Seine Nachfolger statteten diese großartige Schlossanlage nach ihrem Geschmack aus, sodass bei einer Besichtigung die unterschiedlichen Stilepochen des Interieurs vom Spätbarock über das Rokoko bis hin zum Klassizismus zu sehen sind.

**Kloster Maulbronn**

Die 1147 gegründete ehemalige Zisterzienserabtei Maulbronn ist die besterhaltene Klosteranlage in Deutschland. Sie gibt ein geschlossenes Bild vom Leben und Arbeiten dieses Ordens im Mittelalter. Die zwischen dem 12. und 14. Jahrhundert errichtete Abteikirche des Klosters ist als dreischiffige romanische Pfeilerbasilika mit Vorhalle und zugefügtem gotischem Kreuzgang angelegt worden. Das Herrenrefektorium ist der wohl aufwendigste Speisesaal des 13. Jahrhunderts. Aus der Wendezeit zur Spätgotik stammt das 1340 bis 1350 errichtete Brunnenhaus, vielleicht der schönste Teil der Maulbronner Klosterarchitektur.

**Fachwerk in Markgröningen**

Nur wenige Kilometer nordwestlich von Stuttgart gründete Kaiser Friedrich II. an der Glems, am Rande des Strohgäus, um 1240 Markgröningen. Bis 1336 war Markgröningen freie Reichsstadt und gelangte dann an Württemberg.

Markgröningen zählt zu den sehenswertesten Fachwerkstädten Deutschlands. Die schönsten Häuser befinden sich in der Finsteren Gasse und in der Schlossgasse. Der prächtigste Bau ist das Rathaus aus

***Oben:*** *Marktplatz und Marktbrunnen von Markgröningen.*
***Unten:*** *Das Rathaus von Tübingen mit kunstvoller Sgrafitto-Fassade.*

***Top:*** *Markgröningen market place and fountain.*
***Bottom:*** *Tübingen Town Hall with its decorative sgrafitto façade.*

dem 15. bis 17. Jahrhundert, eine typisch alemannisch vorkragende Fachwerkkonstruktion mit einem Schopfwalmdach, das durch einen um 45° gedrehten Uhrenturm gekrönt wird.

### Universitätsstadt Tübingen

Die malerische Altstadt Tübingens mit ihren vielen Fachwerkhäusern aus dem 17. und 18. Jahrhundert wird von Schloss Hohentübingen überragt. Wer aus dem berühmten Äußeren Schlosstor mit dem Renaissancedekor des württembergischen Herzogwappens herausschreitet, hat den schönsten Blick über die Altstadt Tübingens. Die erstmals 1078 erwähnte Burg stand zunächst über zwei Stadtteilen, die sich am Neckar und an der Ammer entwickelt hatten. Mit ihrer Vereinigung begann der wirtschaftliche Aufstieg der Stadt, die bis 1342 den Pfalzgrafen von Tübingen unterstand und danach durch Kauf an Württemberg kam. Sein heutiges Aussehen erhielt Schloss Hohentübingen im 16. und im 17. Jahrhundert unter den württembergischen Herzögen Ulrich und Friedrich I.

Tübingen ist mehr noch als jede andere Universitätsstadt in Deutschland von seiner durch Graf Eberhard im Bart im Jahre 1477 gegründeten Universität geprägt. Neben der Universität gründete Herzog Ulrich 1526 noch das evangelisch-theologische Tübinger Stift, das besonderen Wert auf philosophische

***OBEN:*** *Memminger Rathaus, ein Renaissancebau aus dem 16. Jahrhundert.*
***UNTEN:*** *Astronomische Uhr am Ulmer Rathaus.*
***TOP:*** *16th century Renaissance-style Memmingen Town Hall.*
***BOTTOM:*** *Astronomical clock on Ulm Town Hall.*

und sprachliche Ausbildung legte, und aus dem so berühmte Männer wie Kepler, Hegel, Hölderlin oder Mörike hervorgingen.

Vom Schloss führt eine steile Treppe zum Tübinger Stift und weiter zum Hölderlinturm hinab, in dem der erkrankte und später umnachtete Hölderlin von 1807 bis 1843 lebte. Er war von der Familie des Schreinermeisters Zimmer aufgenommen und hier bis zu seinem Tod gepflegt worden.

## Oberschwaben

Zwischen dem Bodensee im Süden und der Donau im Norden breitet sich die von der Eiszeit geformte Landschaft Oberschwabens aus, die sich im Osten über die badenwürttembergische Grenze hinaus bis zum Lech in Bayern erstreckt. Es ist eine idyllische Hügellandschaft, die von Flüssen, Seen und Mooren gestaltet wird, und in der sich malerische Wiesen, Felder und Dörfer abwechseln. Oberschwaben ist gleichzeitig eine der kulturgeschichtlich reichsten Regionen Deutschlands. Hier stehen wertvolle Bauten aus allen Kulturepochen – aber der Barock feierte hier seinen Höhepunkt. Kirchen, Klöster und Residenzen zeugen in ihrer üppigen Prachtentfaltung von dem Wohlstand, der sich nach dem Dreißigjährigen Krieg in dieser Region entfaltete. Hier wirkten die berühmtesten Künstler ihrer Zeit, so die Gebrüder Zimmermann als Architekten und Maler, Joseph Anton Feuchtmayr als Bildhauer, Franz Xaver Schmuzer als Stukkateur oder Cosmas Damian Asam als Maler – oft arbeiteten die Künstler gemeinsam und schufen so Kunstwerke von ganzheitlicher Schönheit wie kaum je zuvor.

## Oberschwäbische Barockstraße

Wie Perlen sind die Kunstwerke des Schwäbischen Oberlandes entlang vier ausgeschilderter Rundstrecken aneinandergereiht. Die Hauptstrecke ist eine Rundtour zwischen dem Bodensee sowie Zwiefalten und Ulm an der Donau, die Ostroute führt über Memmingen und Kempten, die Südroute durch die Schweiz und die Westroute entlang des westlichen Bodensees über Meßkirch bis Bad Buchau.

Unter den vielen baulichen Kleinodien Oberschwabens seien einige der berühmtesten genannt. Steinhausen gilt als die schönste Dorfkirche der Welt, in der die Gebrüder Zimmermann die Fresken und Stukkaturen gestalteten. Den berühmten Bibliothekssaal des Prämonstratenserstifts Bad Schussenried entwarf Dominikus Zimmermann, das Deckenfresko im Langhaus stammt von Januarius Zick. Die Silhouette der Basilika Weingarten, auch das „Schwäbische St. Peter" genannt, wird durch ihre weithin sichtbare, kuppelbedeckte Kirche gekennzeichnet. Bemerkenswert sind vor allem ihre hochaufragende Fassade und ihr majestätischer Innenraum. Isny stellt sich nach einer Feuersbrunst Mitte des 17. Jahrhunderts als fast stilreine Barockstadt mit der Stadtpfarrkirche St. Georg und ihrem beachtlichen Kirchenschatz dar. Schloss Wolfegg, weithin sichtbar auf einem Hügel gelegen, wurde nach der teilweisen Zerstörung durch schwedische Truppen mit frühbarockem Stuck ausgestattet. Die dreischiffige Pfeilerbasilika St. Martin in Biberach an der Riß wurde von Januarius Zick illusionistisch ausgemalt. Der Raumeindruck der Ottobeurer Klosterkirche ist überwältigend. Der Kaisersaal der ehemaligen Zisterzienserabtei Salem zeigt Stukkaturen von Franz Joseph Feuchtmayer und Fresken von F. J. Spiegler.

Nicht zuletzt sei noch das dreiflügelige Barockschloss auf der Mainau erwähnt, in dem seit 1930 bis zu seinem Tod im Jahr 2004 Graf Bernadotte residierte.

*__Oben:__ Kirche St. Stephan des ehemaligen Franziskanerklosters St. Mang in Füssen am Lech.*
*__Unten:__ Klosterkirche Mariae Himmelfahrt in Salem am Bodensee.*

*__Top:__ St. Stephen's Church belonging to the former Franciscan monastery St. Mang in Füssen on the River Lech.*
*__Bottom:__ St. Mariä Himmelfahrt Abbey in Salem on Lake Constance.*

🇩🇪 *Oben: Münster der Benediktinerabtei Zwiefalten in der Schwäbischen Alb.*
*Unten: Kunstvolle Deckenfresken der Kirche von Schloss Wolfegg.*
🇬🇧 *Top: Minster of Zwiefalten Benedictine Abbey in the Swabian Alb.*
*Bottom: Elaborate ceiling frescoes in the church of Wolfegg Castle.*

## Das Donautal

Die Donau ist mit einer Gesamtlänge von 2850 Kilometern der zweitlängste Fluss Europas. Im schwäbischen Bereich befindet sie sich noch in ihrem Oberlauf, zeigt hier aber einen ihrer schönsten Abschnitte.

Am reizvollsten ist sicherlich das Durchbruchstal durch die Schwäbische Alb zwischen Tuttlingen und Sigmaringen, wo Schloss Bronnen hoch über dem Fluss auf einem Felsen thront.

🇩🇪 *Oben: Deckengemälde im Münster Zwiefalten.*
🇬🇧 *Top: Ceiling frescoes in Zwiefalten Minster.*

## Benediktinerabtei Beuron

Überragt von den Kalkfelsen der Schwäbischen Alb liegt das Kloster Beuron in einer Donauschleife. Als Chorherrenstift der Augustiner 1075 gegründet, erfolgte Ende des 17. Jahrhunderts der barocke Neubau des Konventgebäudes. In den Jahren 1732–38 wurde die heutige Kirche mit Deckengemälden von J. I. Wagscheider angefügt.

Berühmt wurde die 1832 von Pater D. Lenz gegründete Beuroner Kunstschule, die eine Erneuerung der kirchlichen Kunst anstrebte, indem sie an die formenstrengere Gestaltung vorbarocker Epochen anknüpfte. Viele der von Lenz veranlassten schwer wiegenden Eingriffe in die barocke Ausgestaltung des Klosters wurden allerdings wieder rückgängig gemacht.

## Die Schwäbische Alb

Die Schwäbische Alb erstreckt sich als 220 Kilometer langer und bis zu 40 Kilometer breiter Mittelgebirgszug nördlich der Donau zwischen dem Schwarzwald im Südwesten und dem Nördlinger Ries im Nordosten. Ihre höchste Erhebung ist der 1015 Meter aufragende Lemberg. Die Schwäbische Alb ist Teil des Schwäbisch-Fränkischen Schichtstufenlandes. Dem Albtrauf vorgelagert sind viele Zeugenberge, so etwa der 1005 Meter hohe Plettenberg und der 855 Meter hohe Hohenzollern (Zollerberg). Die Albhochfläche senkt sich nach Südosten allmählich dem Donautal zu.

Die Schwäbische Alb ist die größte Karstlandschaft Mitteleuropas als Folge des sich hier vor 150 Millionen Jahren erstreckenden Jurameeres, das eine bis zu 800 Meter dicke Sedimentschicht hinterließ. Charakteristisch für die Schwäbische Alb sind die vielfältigen Karsterscheinungen wie Trockentäler, Dolinen oder auch Karstquellen und Höhlen, die vielfältige prähistorische Fundstellen beinhalten. Die Kalkböden der Alb bieten vor allem für Orchideen günstige Standorte.

## Hohenzollern – Wiege Preußens

Auf dem Zollerberg am Rande der Schwäbischen Alb, südlich von Hechingen, erhebt sich Burg Hohenzollern – die Stammburg der Hohenzollern, die von hier aus über einen schmalen Streifen Land vom oberen Neckar über die Schwäbische Alb und die Donau hinweg bis zum Bodensee regierten. 1291 erhielt der Hohenzollerngraf Friedrich III. die Burggrafschaft Nürnberg und nannte sich fortan Burggraf Friedrich I. Seine Söhne bildeten einerseits die fränkische, später evangelische Linie, und andererseits die schwäbische Linie, die katholisch blieb. Friedrich V. aus der fränkischen Linie wurde 1363 von Kaiser Karl IV. in den Fürstenstand erhoben. Friedrich V. erhielt 1415/17 Brandenburg – sein Nachfahre Wilhelm II. war der letzte deutsche Kaiser, der 1918 abdanken musste.

*__Oben:__ Die imposante Erzabtei St. Martin zu Beuron im oberen Donautal.*
*__Unten:__ Alte Steinbrücke über die Donau im Naturpark Oberes Donautal bei Beuron.*
*__Top:__ St. Martin's Abbey, an impressive Benedictine monastery in the Upper Danube valley.*
*__Bottom:__ Old stone bridge over the Danube in the Upper Danube Nature Park near Beuron.*

Die ursprüngliche, wohl im 11. Jahrhundert errichtete Hohenzollernburg wurde 1423 zerstört, zwischen 1454 und 1461 wieder aufgebaut und vor dem Dreißigjährigen Krieg zur Festung ausgebaut. Am Ende des 18. Jahrhunderts verfiel die Anlage und wurde dann durch Friedrich Wilhelm IV. von Preußen Mitte des 19. Jahrhunderts im historisierenden neugotischen Stil neu errichtet.

### Das Nördlinger Ries

Die Schwäbische Alb schließt im Nordosten mit dem Nördlinger Ries ab. Diese kreisrunde Beckenlandschaft, die vor 15 Millionen Jahren im Erdzeitalter des Miozän durch einen Meteoriteneinschlag gebildet wurde, hat einen Durchmesser von über 20 Kilometern. Reste des Meteoriten sind in 300–600 Metern Tiefe gefunden worden. Heute ist der Kesselboden mit einer dicken, fruchtbaren Lössschicht überzogen. Das ist der Grund warum der Kessel schon in prähistorischer Zeit besiedelt und ackerbaulich genutzt wurde.

Das Stadtbild des mittelalterlichen Nördlingen inmitten des Rieskessels ist fast vollständig erhalten geblieben. Ein inneres Oval umgrenzt den Altstadbereich, wie er bis Anfang des 14. Jahrhundert entstand. Die bis heute erhaltene 16-türmige Stadtmauer beinhaltet die noch im 14. Jahrhundert erweiterte Stadt.

*__Oben:__ Schloss Werenwag thront auf einem Felssporn im Oberen Donautal.*
*__Unten:__ Im Eselsburger Tal bei Herbrechtingen in der Schwäbischen Alb.*
*__Rechte Seite oben:__ Die Hohenzollernburg auf dem Zollerberg in der Schwäbischen Alb.*
*__Rechte Seite unten:__ Nördlingen aus der Vogelperspektive mit mittelalterlichem Stadtkern und Stadtmauer .*

*__Top:__ Werenwag Castle stands proudly atop cliffs in the Upper Danube valley.*
*__Bottom:__ In Eselsburg Valley near Herbrechtingen in the Swabian Alb.*
*__Right page top:__ Hohenzollern Castle on the Zollerberg (Zoller Mountain) in the Swabian Alb.*
*__Right page bottom:__ Aerial view of Nördlingen with its medieval town centre and city walls.*

## OSTBAYERN

Ostbayern setzt sich aus den Regierungsbezirken der Oberpfalz und Niederbayern zusammen.

Die Oberpfälzer, die Bewohner des einstigen bairischen Nordgaus, wie das Gebiet nördlich des Donauknies bei Regensburg bis zum Fichtelgebirge einerseits und zur heutigen tschechischen Grenze andererseits vor eineinhalb Jahrtausenden noch genannt wurde, sind eine Mischung aus Baiern, Schwaben und Franken, die sich mit der alten keltischen Bevölkerung wie auch mit eingewanderten Slawen vermischt haben. Die Region zerfällt in zwei sehr unterschiedliche Teile. Die westlich von der Fränkischen Alb begrenzte Niederung der Naab, die ganz nach Regensburg ausgerichtet ist, und der herbe, waldreiche Oberpfälzer Wald mit seiner „heimlichen" Hauptstadt Amberg.

Niederbayern wird durch drei unterschiedliche Landschaftsbilder charakterisiert. Der Norden der Region wird gänzlich vom Bayerischen Wald eingenommen. Seine höchste Erhebung ist der 1456 Meter aufragende Arber in der Nähe von Bodenmais und Bayerisch Eisenstein. Südlich wird er zwischen Straubing und Passau von der Donau begrenzt, wobei der Neuburger Wald als ein Ausläufer des Bayerischen Waldes über die Donau hinaus geht. Im Zentrum Niederbayerns liegt südlich der Donau zwischen Straubing und Deggendorf der Gäuboden. Als Gäu werden, ausgehend vom alemannischen Sprachgebrauch, wasserreiche, waldfreie Auenlandschaften im weitesten Umfeld des schwäbisch-fränkischen Schichtstufenlandes bezeichnet, die mit Löss bedeckt sind und altbesiedeltes, fruchtbares Ackerland darstellen. Hier im Gäuboden liegen die ertragreichsten Landwirtschaftsflächen ganz Bayerns. Das Niederbayerische Hügelland bildet als drittes Landschaftsbild den südlichen Teil der Region, das durch die Täler von Großer und Kleiner Laaber, Isar, Vills, Rott und Inn strukturiert wird. Die Hallertau, westlichster Zipfel des Niederbayerischen Berglandes und größtes Hopfenanbaugebiet der Welt, bildet bereits den Übergang zu Oberbayern.

### Oberpfälzer Wald

Zwischen der Wondrebsenke im Norden und der Cham-Further-Senke im Süden erstreckt sich der Oberpfälzer Wald als nördlicher Teil des Böhmerwaldes. Dieses erdgeschichtlich alte Gebirge ist in Jahrmillionen währender Erosion abgetragen worden

*OBEN: Bodenmais im Nationalpark Bayerischer Wald.*
*LINKS: Benediktinerkloster Scheyern in der Hallertau.*
*TOP: Bodenmais in the Bavarian Forest National Park.*
*LEFT: Scheyern Benedictine Abbey in the Hallertau region.*

und überschreitet auf der deutschen Seite nur noch in wenigen Höhenlagen die 900-Meter-Grenze: der 917 Meter hohe Dreiwappen bei Waldmühlen und der 901 Meter hohe Entenbühl bei Flossenburg. Auf tschechischer Seite gibt es mit dem Schwarzkopf und dem Tillenberg zwei über 1000 Meter hohe Berge.

### Kurpfälzische Residenz Amberg

Die alte Erzbergbaustadt Amberg präsentiert sich heute noch in ihrer ganzen Wehrhaftigkeit. Die ab dem 14. Jahrhundert entstandenen Befestigungsanlagen sind großenteils erhalten, so z. B. vier der ehe-

*Fruchtbares Ackerland im niederbayrischen Gäuboden.*

*Fertile arable land in Gäuboden, Lower Bavaria.*

**Oben:** *Das gotische Rathaus von Amberg in der Oberpfalz.*
**Unten:** *Historische Holzbrücke über die Vils mit Kirche St. Martin in Amberg.*
**Top:** *The Gothic town hall of Amberg in the Upper Palatinate.*
**Bottom:** *Historic wooden bridge over the River Vils with St. Martin's Church in Amberg.*

mals fünf Tore. Die Stadtmauer wurde sogar in mehreren Brückenbögen über die Vils geführt. Diese Anlage wird im Volksmund wegen des Spiegelbildes, das sie im Fluss abgibt, auch Stadtbrille genannt.

Von den ehemaligen Bauten aus kurpfälzischer Zeit sind die Residenz, die 1602 ihr heutiges Aussehen erhielt, das Renaissancegebäude der Regierungskanzlei, das ehemalige Zeughaus aus dem 15. Jahr-

hundert sowie viele alte Wohnhäuser aus dem 15. und 16. Jahrhundert erwähnenswert. Die Pfarrkirche St. Martin aus dem 15. Jahrhundert ist nach dem Regensburger Dom der bedeutendste gotische Bau der Oberpfalz. Das baugeschichtlich interessanteste Gebäude Ambergs ist das aus dem Jahr 1356 stammende Rathaus am Marktplatz, dem man 1552 eine Renaissancebrüstung mit Treppentürmen anfügte.

### Regensburg – Stadt des immerwährenden Reichstags

Schon in keltischer Zeit entstand die Siedlung *Radasbona* an der Einmündung von Naab und Regen am nördlichen Donauknie. Der römische Kaiser Vespasian ließ hier im 1. Jahrhundert n. Chr. ein Kastell errichten, das Marc Aurel als Legionslager verlegte und das als *Castra Regina* der Stadt ihren Namen gab. Die um 300 n. Chr. verstärkte Römermauer, von deren *Porta Praetoria* noch Torbogen und Flankenturm erhalten sind, lässt sich bis heute noch am Grundriss der Stadt verfolgen. Seine Blütezeit erlebte Regens-

burg im Mittelalter, als die Stadt aufgrund ihrer günstigen Verkehrslage als Handels- und Umschlagplatz des aufkommenden europäischen Fernhandels reich wurde. Von 1663 bis 1803 tagte hier der immerwährende Reichstag des Römischen Reiches Deutscher Nation, bei dem die in den Fürstenstand erhobenen Reichspostmeister von Thurn und Taxis seit 1748 den Kaiser vertraten. Glücklicherweise blieb Regensburg im letzten Krieg von Zerstörungen weitgehend verschont, sodass die am rechten Donauufer gewachsene und von einem Grüngürtel umgebene Altstadt mit ihrer Fülle historischer Bauten und ihrem mittelalterlichen Gepräge erhalten blieb – so auch zahlreiche Patrizierhäuser aus dem 13. Jahrhundert

*OBEN: Altstadt von Regensburg mit Dom und der Steinernen Brücke.*
*RECHTS: Innenansicht vom Regensburger Dom.*
*TOP: Regensburg Old Town with the cathedral and the Stone Bridge*
*RIGHT: Interior of Regensburg Cathedral.*

mit ihren stadttypischen Geschlechtertürmen nach italienischem Vorbild.

In der ersten Hälfte des 12. Jahrhunderts entstand die Steinerne Brücke über die Donau, die 800 Jahre lang einziger Flussübergang blieb. Die Sitzungen des immerwährenden Reichstags fanden im Rathaus aus dem 14. Jahrhundert statt.

Besonders sehenswert unter den vielen kulturhistorisch wertvollen Bauten der Stadt ist die Klosterkirche des ehemaligen Benediktinerklosters St. Emmeran. Die zwischen 1731 und 1733 erfolgte barocke Ausstattung dieses bis auf die Karolingerzeit zurückreichenden Baus stammt vom Baumeister Cosmas Damian Asam, der auch die Wand- und Deckenfresken erstellte, sowie von seinem Bruder Egid Quirin Asam, der die Stukkaturen vornahm.

Bedeutendstes Gebäude Regensburgs ist der gewaltige gotische Dom St. Peter. Er ist das Zentrum der sogenannten Domstadt, die sich als geistliches Viertel nahe der Donau entwickelte. Mit dem Bau dieser dreischiffigen Pfeilerbasilika wurde 1250 begonnen. Der Dom ist nicht nur eines der geschlossensten gotischen Baudenkmäler Deutschlands, sondern enthält auch eine Vielzahl einzigartiger Kunstwerke, so das geschmückte Hauptportal, die Reiterstatuen des heiligen Georg und des heiligen Martin, das Hochgrab mit der Bronzefigur Herzog Philipp Wilhelms, den Dreikönigsaltar sowie die gotischen Steinstatuen von Petrus und Paulus, um nur einige zu nennen.

*Die Walhalla in Donaustauf, Gedenkstätte für bedeutende deutsche Persönlichkeiten.*

*The Walhalla in Donaustauf, memorial for prominent German public figures.*

### Bayerischer Wald

Im geografischen Sinn ist der Bayerische Wald Teil des Böhmerwaldes. Er teilt sich in den Vorderen Wald zwischen Donau und Regen mit dem 1121 Meter hohen Einödriegel, und in den Hinteren Wald mit dem Großen Arber (1456 Meter) als höchster Erhebung. Die Hauptattraktion dieser Region ist der Nationalpark Bayerischer Wald. Aus seinen Forsten um den Großen Rachel (1453 Meter) und den Lusen (1370 Meter) sollen durch Einstellen aller waldwirtschaftlichen Eingriffe allmählich Urwälder entstehen. Luchse wurden bereits wieder als frei lebende Raubtiere eingebürgert.

Der Bayerische Wald zählt erdgeschichtlich zu den alten Gebirgen und ist im Wesentlichen aus Granit aufgebaut. Zwischen Vorderem und Hinterem Wald

erstreckt sich als geologische Besonderheit der 140 Kilometer lange Pfahl, eine vormalige tektonische Spalte, die sich im Laufe der Jahrmillionen mit Schiefer und Quarz füllte und riffartig aus dem umgebenden, allmählich abgetragenen Gestein herauswitterte.

Klimatisch zeichnet sich der Bayerische Wald durch eine raue Witterung aus, die seinen Höhenlagen lange, schneereiche Winter beschert, wobei in den Sommermonaten allerdings eher trockenes und mildes Klima vorherrscht, beides Voraussetzungen für einen expandierenden Fremdenverkehr, der durch den Nationalpark eine weitere Attraktion erhalten hat.

### Nationalpark Bayerischer Wald

Entsprechend der Definition der Vereinten Nationen sollen durch die Einrichtung von Nationalparks Naturräume geschützt werden, deren Landschaften mit ihren spezifischen Tier- und Pflanzengesellschaften oder deren geomorphologische und biologische Besonderheiten von außerordentlichem Interesse sind. So sollen die gemischten und reich strukturierten Wälder des Bayerischen Waldes, die in ihrer Abgeschiedenheit noch weitgehend ursprünglich geblieben sind, erhalten werden. Zwischen 750 und 1200

*Gipfelbereich des Lusen im Nationalpark Bayerischer Wald.*

*Summit of Mount Lusen in the Bavarian Forest National Park.*

Metern Höhe sind dies Mischwälder aus Fichte, Weißtanne und Buche und über 1200 Meter Bergfichtenwaldgesellschaften. Unter der Fauna des Bayerischen Waldes sind alleine 55 Vogelarten zu verzeichnen, darunter solch selten gewordene Arten wie Auerhuhn, Haselhuhn, Weißrückenspecht und Dreizehenspecht sowie Sperlingskauz und Raufußkauz. Längst ist der Verzicht auf die holzwirtschaftliche Nutzung des Bayerischen Waldes durch den expansiven Fremdenverkehr kompensiert worden. Jährlich besuchen mehr als 1,5 Millionen Menschen den Naturpark und schaffen in dem wirtschaftlich abgelegenen Gebiet im Gastgewerbe die so dringend erforderlichen Arbeitsplätze.

### Passau

Im Jahre 739 erhob Bonifatius Passau zum Sitz eines Bistums, das im Mittelalter entscheidend an der Christianisierung Österreichs und Ungarns mitwirkte. Von der Glanzzeit der Drei-Flüsse-Stadt an der Einmündung von Inn und Ilz in die Donau zeu-

gen noch viele kunsthistorisch interessante Baudenkmäler, so z.B. der Dom St. Stephan mit der Krypta von 1261 und dem spätgotischen Chor. Sehenswert sind auch die Burganlagen Veste Oberhaus und Veste Niederhaus, die Neue Bischöfliche Residenz aus der zweiten Hälfte des 18. Jahrhunderts, die Domherrenhöfe am Domplatz und das Kloster Niedernburg mit der 1010 begonnenen Klosterkirche Zum Heiligen Kreuz. Das ehemalige Chorherrenstift St. Nikola ist heute Sitz der Universität. Erwähnt sei auch die Kirche St. Severin, deren Anfänge in das 5. Jahrhundert zurückreichen.

***Oben:** Die naturbelassene Kleine Ohe im Bayerischen Wald.*
***Links:** Der seltene Auerhahn ist im Nationalpark Bayerischer Wald zu sehen.*
***Top:** The unspoilt Kleine Ohe brook in the Bavarian Forest.*
***Left:** The rare wood grouse is found in the Bavarian Forest National Park.*

**Landshut – Niederbayerische Residenz**

Als Kaiser Friedrich I. Barbarossa 1180 Herzog Heinrich den Löwen absetzte, fiel Bayern an die Wittelsbacher, die bis zum Ende des Ersten Weltkrieges das Land regierten. Zum Ausgang des Mittelalters teilte sich die Wittelsbacher Linie mehrfach auf und Niederbayern wurde zum eigenständigen Herzogtum mit Landshut an der Isar als Hauptstadt.

Die im Kern erhaltene gotische Landshuter Innenstadt mit ihren spitzgiebeligen Fassaden und prunkvollen Altstadthäusern zeugt noch von der Pracht des einstigen Herzogtums. Die Altstadt gibt die Kulisse ab für die alle vier Jahre stattfindende historische Dokumentation der Landshuter Hochzeit.

Landshut wird vom 130 Meter hohen Turm – dem höchsten Backsteinturm der Welt – des gotischen Münsters St. Martin überragt. Besonders sehenswert ist im Inneren am rechten Seitenaltar die Rosenkranzmadonna. Gegenüber dem gotischen Rathaus

befindet sich mit der Stadtresidenz das erste Renaissanceschloss nördlich der Alpen.

Über Landshut thront die Burg Trausnitz, von deren Terrasse man einen weiten Blick über die Stadt und ihre Umgebung hat.

*Museumsdorf Tittling in Niederbayern.*

*Tittling Museum Village in Lower Bavaria.*

## THE MITTELGEBIRGE (CENTRAL GERMAN UPLANDS)

The Mittelgebirge stretch from the Rheinische Schiefergebirge (Rhenish Slate Mountains) in the west and include the Weserbergland (Weser Hills), the Hessische Bergland (Hesse Hills), the Harz Mountains, Thuringian and Franconian Forests and the Bohemian Massif including the Erzgebirge, the Upper Palatinate Forest and the Bavarian Forest. In southern Germany, east of the Upper Rhine Rift Valley, the Black Forest is the biggest of the Mittelgebirge and adjacent to it are the Swabian and Franconian Alb.

In geological terms, the German Mittelgebirge are usually old mountain ranges, which is why their peaks are usually rounded; they have broad crests and arched ridges. Steep slopes are features of the mountainsides where Ice Age rivers formed deep valleys. Otherwise, there is little evidence of the effects of glaciers in the German Mittelgebirge as at higher altitudes in the Black Forest.

The Central Rhine Rift Valley divides the Rheinische Schiefergebirge into the Eifel and the Hunsrück on the left side of the Rhine and the Westerwald on the right side. Volcanic activity has created extremely interesting landscapes here, like, for example, the Siebengebirge at the end of the Central Rhine Rift Valley with Drachenfels Castle directly above the Rhine, or the Eifel volcanic lakes, the biggest of which is the Laacher See (Lake Laach) with Maria Laach, the Benedictine abbey being one of the most impressive works of church architecture in the region.

The scenic charm of the Weserbergland region is its filigree-like nature in which the Weser Valley forms the central axis. The Weser meanders its way through the hills to enter the North German Plain at the Porta Westfalica. Prosperity in the 16th Century, which continued even during the Thirty Years' War, enabled a secular style of architecture to develop known as the Weser Renaissance which is characterised by an enormous variety of shapes and design. There are also some late Gothic decorative elements and there is clear evidence of influence from Flanders and Northern Italy. Of particular interest are the semicircular elements, so-called Welsche Giebel (gables) which were later developed to rosettes filled with a fan design.

**OBEN:** *Orgelempore im Dom zu Passau.*
**RECHTS:** *Blick über die Donau auf die Passauer Altstadt mit Dombau und dem Leopoldinum.*
**UNTEN:** *Chorraum des Passauer Doms.*
**TOP:** *Organ loft in Passau Cathedral.*
**RIGHT:** *Looking across the Danube at Passau's Old Town with the cathedral and the Leopoldinum.*
**BOTTOM:** *The chancel of Passau Cathedral.*

The Harz Mountains are the most striking part of the North German Mittelgebirge. Their name comes from the Middle High German word "art" which means "forest". The Harz Mountains also extend further into the North West German Lowlands than any other of the Mittelgebirge – as a result of their exposed position there is a lot of precipitation which makes farming practically impossible in the higher regions. Nevertheless, the Harz region became prosperous as a result of silver mining in the Middle Ages. The German Emperors built their impressive palace at the foot of the Rammelsberg, the so-called Harz Silver Mountain, and magnificent towns with half-timbered buildings like Duderstadt, Nordhausen or Quedlinburg grew up in the region round the Harz Mountains.

The Hesse heartland is characterised by the Mittelgebirge and valleys. The West Hesse Valley is a continuation of the Upper Rhine Lowlands and continues through the Wetterau and the Gießen Basin up to the Wolfhagen and Kassel Basins which are separated by the Habichtswald. The less clearly defined East Hesse Valley is formed by the Fulda Basin as well as the Bebra-Hersfeld Basin. A primarily volcanic mountain axis stretches between these two basin regions from the Vogelsberg to the Meißner and to the Kaufunger Forest. Parallel to this, there is a second range of hills which stretches to the east. It includes the Rhön, the Säuglingswald and the Ringgau.

The heartlands of Hesse are old areas of civilisation – in the early Middle Ages Fulda was the base where the process of Christianisation started. Marburg and Gießen are among the oldest university towns in Germany and the architecture in towns like Limburg, Diez or, for example, Wetzlar is still well worth seeing.

In prehistoric times the Thuringian Forest separated the Celts, who inhabited the South, from the Germanic tribes of the North. Some of its hilltops like, for example, the Steinsburg, were developed by the Celts into fortified settlements and refuges. The Thuringian Forest Stretches for 100 km from the River Werra near Eisenach in the north-west with a width of 10 to 35 km as far as the River Saale, where in the south east it becomes the Franconian Forest. Its highest peaks are the Beerberg (984 m) and the Schneekopf (978 m) in the north-west. It is here in the north-western foothills that we come to the town

of Eisenach which is dominated by the Wartburg, the most striking of all German castle complexes.

The Elbsandstein range of hills between the Erzgebirge and Oberlausitz with its uniquely shaped rocks divided by the deep valley formed by the River Elbe is one of the most charming scenic landscapes in Saxony – the term Sächsische Schweiz (Saxon Switzerland) was coined by Swiss artists to describe this bizarre hilly area. Not far away downriver from the Elbsandstein range of hills we come to Dresden, once the most beautiful Baroque town in Germany, which was almost totally destroyed in the Second World War. The reconstruction process is, however, now well under way so that it should soon be possible again to enjoy the wonderful panorama provided by the town.

In the south-east of Germany, the Black Forest (Germany's largest Mittelgebirge) Stretches 160 km between the Upper Rhine in the south and the Kraichgau in the north. It tapers off from the South

***OBEN:*** *Blick über die Altstadt von Landshut mit dem Münster St. Martin.*
***LINKS:*** *Das mittelalterliche Fest der Landshuter Fürstenhochzeit wird alle vier Jahre aufgeführt.*
***RECHTE SEITE OBEN:*** *Die Landshuter Burg Trausnitz.*
***RECHTE SEITE UNTEN:*** *Abendstimmung an der Isar in Landshut.*

***TOP:*** *View of Landshut Old Town with St. Martin's Minster.*
***LEFT:*** *The Landshut Medieval Wedding Festival is held every four years.*
***RIGHT PAGE TOP:*** *Trausnitz Castle, Landshut.*
***RIGHT PAGE BOTTOM:*** *Dusk on the River Isar at Landshut.*

with a width of 60 km to the North where it is just 22 km wide. To the west it descends steeply to the Upper Rhine Plain, to the east it falls gently to the catchment area of the Neckar.

Geologically the Black Forest forms part of the Variscan Mountains which are, in turn, part of the "old" mountain ranges and it received its present-day form during the Tertiary Age with the down-faulting of the Upper Rhine. Its highest peaks are in the south such as the Feldberg (1493 m) and the Belchen (1414 m). In the Ice Age, the high-lying hilltops and valleys of the Black Forest were covered with ice, and cirques (lakes) like the Feldsee or lakes dammed by moraines such as the Titisee or the Schluchsee were formed. These lakes are now popular tourist attractions. Adjacent to the Black Forest in the east is the Schwäbische Alb range of hills. It stretches 220 km, with a width of 40 km, north of the Danube up to the Nördlinger Ries, a valley created when a gigantic meteorite hit the Earth, in the north-east. Its highest peak is the Lemberg (1015 m). On the Zollerberg (855 m), on the periphery of the Schwäbische Alb (Swabian Alb) south of Hechingen, we find Schloss Hohenzollern, the ancestral castle of the Hohenzollern dynasty. The Hohenzollern family first ruled over a narrow strip of land from the Upper Neckar, across the Schwäbische Alb and over the Danube as far as Lake Constance. Later they gained power in Prussia eventually providing the Emperor for the whole of the German Empire until 1918.

The region of Franconia is situated in the middle of the Mittelgebirge. It is traversed by the River Main with the Spessart range of hills and the Odenwald in the west and the Franconian Forest, together with the region known as the Fränkische Schweiz (Franconian Switzerland) and the Fränkische Alb in the east. The old cathedral city of Würzburg is the focal point of the region. In Franconia and the surrounding area several splendid small towns such as Rothenburg ob der Tauber and Dinkelsbühl have succeeded in preserving their mediaeval appearance. In the lower reaches of the Main, in the federal state of Hesse, skyscrapers dominate the Frankfurt skyline, with Frankfurt, the former imperial city of the German Empire, now the financial centre of Germany.

Geographically, the Bavarian Forest is part of the Bohemian Forest. It is divided into the Vordere Wald between the Danube and the town of Regen with the Einödriegel (1121 m) and the Hintere Wald with its highest peak, the Große Arber (1456 m). Its big attraction is the Bavarian Forest National Park – by the prohibition of all forestry work in the region it is hoped that primeval forests will be able to grow in the wooded regions around the Große Rachel (1453 m) and the Lusen (1370 m).

# VORALPEN UND ALPEN

## AM BODENSEE

### Das Schwäbische Meer

Das Schwäbische Meer, wie der Bodensee genannt wird, ist mit einer Fläche von 538 Quadratkilometern Deutschlands größter See, der bis zu 252 Meter Tiefe misst und dessen Südufer zur Schweiz bzw. zu Österreich gehört. Seinen Namen verdankt er der kleinen, auf altem Siedlungsboden gelegenen und 753 erstmals erwähnten Gemeinde Bodman im Kreis Konstanz. Hier stand im 9. Jahrhundert die karolingische Kaiserpfalz gleichen Namens.

Das Hauptbecken des Bodensees bildet der 63 Kilometer lange Obersee. Der westliche Teil des Bodensees wird durch den sanften, sich bis Konstanz erstreckenden Höhenzug des Bodanrückens in den nördlichen, tiefen Überlinger See und in den südlichen, seichten Untersee mit den Teilabschnitten des Gnadensees und Zeller Sees im Nordwesten unterteilt. Die jahreszeitlich stark schwankende Wasserzufuhr lässt den Wasserspiegel um 395 Meter Höhe ü. M. pendeln.

Klimatisch begünstigt, breitet sich um den See Wein- und Obstbau sowie Frühgemüseanbau aus. Im Überlinger See liegt die Insel Mainau mit ihrer üppigen, südländischen Vegetation, im Untersee die Insel Reichenau mit ihrem üppigen Gemüseanbau und im Obersee Lindau mit seiner wunderschönen Altstadt.

***Unten:*** *Der Bodensee, das Schwäbische Meer, ist 536 Quadratkilometer groß.*
***Rechte Seite:*** *Wasserkaskaden im Park der Bodenseeinsel Mainau.*

***Bottom:*** *Lake Constance, the "Swabian Sea".*
***Right page:*** *Water cascade in the park on Mainau, Lake Constance.*

Das Bodenseegebiet ist auch von frühgeschichtlicher Bedeutung mit vielen alt- und mittelsteinzeitlichen Siedlungsspuren. Aus der jungsteinzeitlichen Epoche stammen Pfahlbautendörfer, bei denen es sich sowohl um Ufer- als auch um Moorsiedlungen handelte.

**Konstanz – Metropole am Bodensee**

Im Jahre 1417 fand in Konstanz die einzige Papstwahl auf deutschem Boden statt – ein Zeichen dafür, welche Bedeutung die Stadt und ihr Bistum im ausgehenden Mittelalter hatten. Schon die Römer bauten an der strategisch wichtigen Stelle zwischen Ober- und Untersee auf einem Hügel ein Kastell. Im Jahre 590 entstand auf eben diesem Hügel die erste Bischofskirche. Heute steht hier das romanisch-gotische Münster zu Unserer Lieben Frau.

Von der mittelalterlichen Blütezeit der Stadt zeugen auch das 1388 errichtete Konzilgebäude, das einst dem Leinenhandel diente – hier soll das Konzil getagt haben, das aber tasächlich zwischen 1414 und 1418 im Münster abgehalten wurde –, das Rathaus aus dem 16. Jahrhundert, das zum Inselhotel umgestaltete Dominikanerkloster mit dem sehr schönen gotischen Kreuzgang sowie die Zunfthäuser aus dem 14. bis 16. Jahrhundert.

***Oben:*** *Die Imperia-Statue an der Hafeneinfahrt von Konstanz.*
***Links:*** *Detail am Münster Unserer Lieben Frau in Konstanz.*
***Rechts:*** *Rheintorturm am Bodenseeufer in Konstanz.*
***Top:*** *The Imperia statue at the entrance to Constance Harbour.*
***Left:*** *Decorative detail on the Minster of Our Lady in Constance.*
***Right:*** *Rhine Gate Tower on the banks of Lake Constance in Constance.*

**Lindau – im Bodensee**

Die Altstadt Lindaus, auf einer Insel im Bodensee gelegen, ist durch einen Damm mit dem Festland verbunden. Sehenswert sind ihre alten Patrizierhäuser. Die im 18. Jahrhundert nach einem Stadtbrand wieder errichtete Marienkirche gehörte einst zu einem im 9. Jahrhundert errichteten Nonnenkloster. Teile der alten Stadtbefestigung sind noch erhalten. Kul-

BSB
ÜBERLINGEN
BODENSEE-SCHIFFSBETRIEBE.
FLOTTE KURSE AUF DEM SEE.
THURGAU

turgeschichtlich bedeutend sind auch die aus dem 12. Jahrhundert stammende, 1782 barock ausgestattete Stefanskirche, das im 14. Jahrhundert umgebaute Rathaus und natürlich der Alte und der Neue Leuchtturm am Hafeneingang als Wahrzeichen der Stadt.

**Birnau – Barockperle am Bodensee**

Von den vielen barocken Sakralbauten an der Oberschwäbischen Barockstraße fällt die zwischen 1747 und 1749 errichtete Wallfahrtskirche von Birnau durch ihre erhabene Lage am Überlinger See besonders auf.

Errichtet wurde die Gesamtanlage mit ihrer schlossartigen Fassade zum See hin vom Vorarlberger Baumeister Peter Thumb. Das Rokoko-Innere des Kirchenschiffs wurde mit Stukkaturen von Joseph Anton Feuchtmayr versehen und von Gottfried Bernhard Göz ausgemalt. Am rechten Seitenaltar posiert der berühmte Honigschlecker, eine kleine dem heiligen Bernhard geweihte Puttenfigur, die dessen Rede „süß wie honig" symbolisiert.

***OBEN:** Blick auf den Lindauer Hafen mit altem Leuchtturm.*
***UNTEN:** Rekonstruktionen von Pfahlbauten aus der Stein- und Bronzezeit in Unteruhldingen am Bodensee.*
***RECHTE SEITE:** Wallfahrtsskirche Birnau am Überlinger See.*

***TOP:** View of Lindau Harbour with the old lighthouse.*
***BOTTOM:** Reconstruction of stilt houses from the Stone and Bronze Ages in Unteruhldingen on Lake Constance.*
***RIGHT PAGE:** Birnau pilgrimage church on Überlinger See.*

## OBERBAYERN

Das Land zwischen Alpen und Donau verkörpert das eigentliche Bayern – nicht nur die Vorstellung von Biergarten und Lederhosen, sondern auch die typisch bayerische Voralpenlandschaft mit ihren Wäldern und Seen, Klöstern und Kirchen vor der Kulisse der Alpenkette, mit München als Hauptstadt des Landes und „heimlicher Hauptstadt" Deutschlands.

### Alpenvorland

Das Alpenvorland, das im Westen durch den Lech und im Osten durch die Salzach bzw. durch Niederbayern begrenzt wird, teilt sich in drei, von Norden nach Süden abgegrenzte Landschaftstypen. Der nördlichste Streifen, der an die Donau angrenzt, ist ein vielfach lössbedecktes Hügelland, südlich daran schließen sich mächtige Schotterplatten als Hinterlassenschaft der eiszeitlichen Gletscher an, End- und Grundmoränen mit den eingebetteten großen oberbayerischen Seen bilden den dritten Landschaftsstreifen als Übergangszone zu den Bayerischen Alpen.

### Die Oberbayerischen Seen

Kontrastreich vor der Kulisse der Alpenkette gelegen sind die aus der letzten großen Eiszeit stammenden oberbayerischen Seen, allen voran der Ammer-, der Starnberger und der Chiemsee. Die von den Alpen herunterfließenden Gletscher hatten tiefe Mulden in das Vorland eingegraben, die sich seit der Wiedererwärmung des Klimas vor 15000 Jahren mit Wasser füllten.

Der Ammersee ist der westlichste dieser Seen. An seinem Südwestende oberhalb von Dießen steht eine der schönsten Barockkirchen Bayerns, die 1739 fertiggestellte Augustinerchorherren-Stiftskirche St. Maria. An diesem Bau waren die bedeutendsten Künstler jener Zeit tätig – Johann Michael Fischer als Architekt, Johann Georg Bergmüller als Maler und

*OBEN: Blick über den Riegsee und Murnau zum Wettersteingebirge mit Zugspitze.*
*LINKS: Marienmünster in Dießen am Ammersee.*
*RECHTS: Der Altarraum des Marienmünster von Dießen.*

*TOP: Looking across Lake Riegsee and Murnau towards the Wetterstein Mountains and the Zugspitze.*
*LEFT: St. Mary's Minster on the Ammersee.*
*RIGHT: The chancel of St. Mary's Minster in Diessen.*

die Gebrüder Franz Xaver und Johann Michael Feuchtmayer als Stukkateure, die den weltberühmten „Heiligenhimmel" der Klosterkirche schufen.

Auf einem Hügel zwischen Ammersee und Starnberger See gelegen, überragt das Kloster Andechs seine Umgebung. Hier auf dem „Heiligen Berg Bayerns" wurden im 14. Jahrhundert wertvolle Hostien aus Jerusalem wiederentdeckt.

Der Starnberger See, der bis 1962 offiziell nach dem ihn entwässernden Fluss Würmsee hieß, bedeckt eine Fläche von 57 Quadratkilometern und ist sogar bis zu 127 Meter tief. Bei Schloss Berg, kurz unterhalb von Starnberg am Ostufer, kam der Bayernkönig Ludwig II. 1886 nach seiner Abdankung ums Leben – theatralisch wie sein Leben war auch sein Tod, bis heute weiß man nicht, ob es Mord oder Selbstmord war …

*RECHTS: Kloster Andechs zwischen Starnberger See und Ammersee.*

*RIGHT: Andechs Abbey between the Starnberger See and Ammersee lakes.*

Der Chiemsee ist mit einer Fläche von 80 Quadratkilometern der größte der bayerischen Seen. Drei Inseln liegen inmitten des Sees: die kleine Krautinsel, die Fraueninsel mit der um 770 gegründeten Benediktinerabtei Frauenchiemsee sowie die Herreninsel mit dem Schloss Ludwig II.

Die Gründung des Benediktinerinnenklosters Frauenwörth auf der Fraueninsel im Chiemsee geht auf den Bayernherzog Tassilo III. zurück. Auf der Herreninsel befand sich, als Pendant zum Nonnenkloster auf der Fraueninsel, ein Chorherrenstift, das nach der Säkularisation verfiel. Der „Märchenkönig" Ludwig II. kaufte 1873 die Insel, um sie vor dem Raubbau durch schwäbische Holzhändler zu schützen. Er ließ nach dem Vorbild von Versailles ein Schloss mit verschwenderischer Innenausstattung errichten. Treppenhaus, Bade- und Schlafzimmer sind von erlesener Pracht, der dem barocken Prunk nachempfundene, fast 100 Meter lange Spiegelsaal ist handwerklich vorzüglich ausgeführt.

**Links:** *Die Insel Frauenchiemsee mit dem Kloster Frauenwörth im Chiemsee.*
**Oben:** *Brunnen im Park von Schloss Herrenchiemsee.*
**Left:** *Frauenchiemsee island and Frauenwörth convent on the Chiemsee.*
**Top:** *Fountain in Herrenchiemsee Palace Park.*

**Pfaffenwinkel**

Schon 1750 schrieb der Raistinger Pfarrer über das Dekanat Weilheim, dass die Gegend wegen der vielen umliegenden Klöster „Der Pfaffenwinkel" genannt werde. Gemeint ist damit die Klosterphalanx von Steingaden bis Benediktbeuren, vom Lech bis zur Loisach, vom Ettal in den Alpen bis zum Heiligen Berg Andechs oberhalb des Ammersees. Die älteste Klostergründung im Pfaffenwinkel ist Benediktbeuren aus dem Jahr 739 und die letzte die des Karmeliterklosters in Schongau aus dem Jahr 1719. Alle Kunststile dieser lang währenden Kulturepoche des Pfaffenwinkels sind hier von der Romanik bis zum Rokoko vertreten, wobei der Barock die nachhaltigsten Spuren hinterlassen hat.

Architektonisches Kleinod des Pfaffenwinkels ist die Wieskirche: Im Jahr 1730 flossen Tränen aus einer Heiligenfigur im Pfaffenwinkel und der Wiesbauer, als Entdecker dieses wundertätigen Vorgangs, veranlasste den Bau einer kleinen Kapelle. Der Zustrom der Pilger zu diesem wundertätigen Bildwerk wuchs immer stärker an, was den Steingadener Abt zum Bau einer Wallfahrtskirche veranlasste. Sie ist das Hauptwerk des Architekten Dominikus Zimmermann und seines Bruders und Hofmalers des bayerischen Kurfürsten, Johann Baptist Zimmermann. Der glanzvolle Bau entstand zwischen 1745 und 1754 mitten auf einer Waldwiese zu Füßen der Alpen. Dem ovalen Kirchenschiff ist an der Westseite eine halbkreisförmige Eingangshalle vorgestellt. Im Osten schließt sich ein von zwei übereinander liegenden Laufgängen eingefasster, langer und tiefer Chor an. Das schlichte Äußere des Baus steht im Gegensatz zu seinem prunkvollen Inneren – die üppigen Stuckverzierungen und die Deckenfresken sind von unnachahmlicher Schönheit. Der Pfaffenwinkel ist aber auch ein landschaftliches Kleinod, eine Erholungslandschaft im Alpenvorland mit schönen Naturschutzgebieten, einem Eibenwald von europäischer Bedeutung und mit fast noch unberührten Hochmooren und großartigen Flusslandschaften.

**Oben:** *Das Neue Schloss Herrenchiemsee auf der Herreninsel im Chiemsee.*
**Unten:** *Kloster Benediktbeuern nahe dem Kochelsee.*

**Top:** *Herrenchiemsee New Palace on the Herren-insel (Gentlemen's Island), Chiemsee.*
**Bottom:** *Benediktbeuern Abbey near Lake Kochel.*

**Oben:** *Wallfahrtskirche Zum Gegeißelten Heiland, die Wieskirche bei Steingaden.*
**Rechts:** *Teilansicht des Altarraumes der Wieskirche mit Deckenfresko.*
**Unten:** *Welfenmünster in Steingaden im Pfaffenwinkel.*
**Top:** *Pilgrimage Church of the Scourged Saviour, the Church of Wies near Steingaden.*
**Right:** *Partial view of the chancel in the Pilgrimage Church of Wies with ceiling frescoes.*
**Bottom:** *Welfen Church in Steingaden in the Pfaffenwinkel region.*

### Landeshauptstadt München

München wurde im Jahre 1158 durch Verlegung des Marktes von Oberföhring nach Munichen (= zu den Mönchen) von Heinrich dem Löwen gegründet. 1294 erhielt München Stadtrecht, ab 1255 war die Stadt Residenz der Wittelsbacher. Durch Handel und Gewerbe entwickelte sich München schnell und war spätestens seit Herzog Wilhelm IV. auch ein Zentrum europäischer Kunst und Wissenschaft.

Unter den Kirchenbauten überragt die Frauenkirche als Wahrzeichen der Stadt alle anderen. Der spätgotische Backsteinbau von 109 Metern Länge mit 100 Meter hohen Türmen wurde anstelle älterer Bauten 1468 begonnen und 1494 geweiht. Das Äußere der Kirche ist nur schwach gegliedert, umso mehr treten die fünf Portale hervor. Im Inneren befindet sich u.a. das schwarze Marmorgrab Kaiser Ludwig des Bayern. Sendlinger Tor, Karlstor und Isartor sind Reste des Mauerrings, der München im 14. Jahrhundert umgab. Der Alte Hof in der Burgstraße, in Teilen noch heute erhalten, war die erste Residenz der Wittelsbacher in München (bis 1474).

Seit dem 16. Jahrhundert wurde die Residenz ausgebaut. Der heutige Baukomplex, von der Residenzstraße, der Hofgartenstraße, vom Marstallplatz, von der Maximilianstraße und vom Max-Joseph-Platz umgeben, besteht aus dem Königsbau sowie dem Goldener-Saal-Trakt, der Alten Residenz, dem Festsaalbau, dem Cuvillies-Theater, dem Residenztheater und dem Nationaltheater.

Zum Gebäudeensemble gehört auch das Antiquarium aus der zweiten Hälfte des 17. Jahrhunderts, mit 69 Metern Länge der größte Profanbau der deutschen Renaissance. Außerhalb der befestigten Residenzstadt entstand seit 1664 Schloss Nymphenburg, dessen jetziges Erscheinungsbild auf den ab 1715 erfolgten Ausbau unter Leitung von Joseph Effner zurückgeht. Der Mittelpunkt des Schlosses ist der Mitteltrakt, dessen Festsaal durch Cuvillies seine Wirkung erhielt und dessen Stukkaturen und Fresken von den Gebrüdern Zimmermann stammen.

Münchens profane Baudenkmäler sind so vielgestaltig wie die Stadt selbst. Am Ostende des Marienplatzes steht das Alte Rathaus, ursprünglich im 15.

**Oben:** *Schloss Nymphenburg in München.*
**Ganz links:** *Der Münchner Marienplatz mit der Mariensäule und dem Alten Rathaus.*
**Links:** *Mariensäule auf dem Marienplatz in München mit den Zwillingstürmen der Frauenkirche.*
**Rechts:** *Das Hippodrom-Festzelt auf dem Münchner Oktoberfest.*

**Top:** *Nymphenburg Palace in Munich.*
**Far left:** *St. Mary's Square in Munich with St. Mary's Column and the Old Town Hall.*
**Left:** *St. Mary's Column on St. Mary's Square in Munich with the twin spires of the Church of Our Lady.*
**Right:** *The Hippodrome beer tent at Munich's Oktoberfest.*

**Oben:** *Blick auf das Münchner Olympiastadion im Olympiapark.*
**Links:** *Der prächtige Bau des Antiquarium der Münchner Residenz.*
**Rechte Seite oben:** *Pavillon im Münchner Hofgarten mit der Theatinerkirche.*
**Rechte Seite unten:** *Das legendäre Münchner Hofbräuhaus am Platzl.*

**Top:** *View of the Olympic stadium in the Olympic Park, Munich.*
**Left:** *The magnificent design of the Antiquarium in the Munich Residenz.*
**Right page top:** *Pavilion in the Munich Court Garden with the Theatine Church.*
**Right page bottom:** *Munich's legendary Hofbräuhaus on the Platzl.*

Jahrhundert errichtet. Dominiert wird der Marienplatz vom Neuen Rathaus mit dem 85 Meter hohen Turm, dessen Glockenspiel jeweils um 11 Uhr zu hören ist und das einen Reigen aus 1,40 Meter hohen Figuren zeigt. Im Maximilianeum, ehemals Gemäldegalerie und adeliges Erziehungsinstitut, 1857–74 als Abschluss der Maximilianstraße erbaut, tagt heute der Bayerische Landtag. Die Münze am Hofgraben ist im Kern ein Bau aus dem 15. Jahrhundert, der im 19. Jahrhundert eine klassizistische Fassade erhielt.

HB
Hofbräuhaus
BIERGARTEN

Architektonische Akzente setzt der Königsplatz mit der Glyptothek (1816–30), einem vierflügeligen klassizistischen Museumsbau, der Staatlichen Antikensammlung (1838–48) sowie den Propyläen (1848–62) mit ihrem markanten korinthischen Säulenvorbau. Die Feldherrenhalle (1841–44) stellt den südlichen Endpunkt, das Siegestor (1843–50) den nördlichen Endpunkt der Ludwigstraße dar, die Ludwig I. zwischen 1816 und 1850 als Prachtstraße nach dem Vorbild der Loggia dei Lanzi in Florenz errichten ließ. Zu Füßen der Ruhmeshalle aus dem Jahr 1853 thront die 1850 von F. Miller gegossene, mit Sockel 30 Meter hohe Bavaria und bewacht die Theresienwiese, wo alljährlich im September das Oktoberfest stattfindet.

Was wäre München ohne seine Gärten? Allen voran ist der Englische Garten zu erwähnen, der 1789–95 von dem in Münchner Diensten stehenden Reichsgrafen Benjamin Thompson von Rumford angelegt wurde. Sein Chinesischer Pavillon wurde schon im Entstehungsjahr errichtet, 1836/37 folgte der runde Monopterus. Keine andere Stadt der Welt verfügt über eine so citynahe, 373 Hektar große Erholungszone wie München.

**Wallfahrtsort Altötting**

Die Altöttinger Gnadenkapelle, deren unten rundes und oben achteckiges Herzstück vermutlich auf das 8. Jahrhundert zurückgeht, zählt zu den ältesten Kirchen Deutschlands. Ende des 15. Jahrhunderts

**Links:** *Burghausen an der Salzach, das Altstadtufer mit der Burg.*
**Oben:** *Die Statue der Schwarzen Madonna mit der Goldenen Rose in der Gnadenkapelle von Altötting.*
**Unten:** *Marienbrunnen am Kapellplatz im Wallfahrtsort Altötting mit der Gnadenkapelle und dem Rathaus .*
**Left:** *Burghausen on the River Salzach, the Old Town on the riverbank overlooked by the castle.*
**Top:** *The statue of the Black Madonna with the golden rose in the Chapel of Grace in Altötting.*
**Bottom:** *St. Mary's fountain on Chapel Square with the Chapel of Grace in Altötting, a place of pilgrimage.*

wurde das Langhaus als Wallfahrtsstätte angefügt. Gegenstand der Verehrung ist eine rußfarbene Marienfigur aus dem 14. Jahrhundert, zu der auch heute noch jährlich mehrere Hunderttausend Menschen pilgern. Rechts vor der Statue kniet lebensgroß Prinz Maximilian von Bayern, der als 10-jähriger Knabe von schwerer Krankheit errettet wurde. Sein Vater stiftete damals die Schwarze Madonna, ein Schnitzwerk aus dem 13. Jahrhundert, vermutlich aus Lothringen stammend. So ist das Haus Wittelsbach eng mit dieser Kapelle verbunden – die Herzen mehrerer Wittelsbacher Fürsten und Fürstinnen, Könige und Königinnen sind hier in Urnen beigesetzt. Papst Benedikt XVI. verlieh im Jahr 2006 Altötting einen der höchsten päpstlichen Orden, die Goldene Rose.

**OBEN:** *Herrlicher Blick von der Laber-Seilbahn auf Oberammergau.*
**LINKS:** *Das Pilatushaus im Passionsspielort Oberammergau.*
**UNTEN:** *Bühnenszene der Passionsspiele.*
**TOP:** *Magnificent view of Oberammergau from a Laber cable-car.*
**LEFT:** *The Pilate House in Oberammergau, home of the Passion Plays.*
**BOTTOM:** *Stage scene from the Passion Plays.*

## Oberammergau

Oberammergau ist ein Ort der Voralpen wie aus dem Bilderbuch, ein Ort der Sommerfrische und des Wintersports. Sehenswert sind seine schönen bemalten Häuser, so vor allem das Pilatushaus aus dem Jahr 1784 sowie die 1736–42 durch J. Schmuzer errichtete Pfarrkirche St. Peter und Paul. Berühmt ist Oberammergau aber wegen seines Passionsspiels, das alle 10 Jahre aufgeführt wird. Die 124 Sprechrollen übernehmen Laiendarsteller aus dem Ort und der Umgebung. Aufgeführt wird das Schauspiel auf der eigens dafür geschaffenen Freilichtbühne, die 5200 Zuschauer fasst. Der Ursprung des Passionsschauspiels ist ein Gelübde der Gemeinde nach einem Pestjahr. Die erste Aufführung fand 1634 statt. Der älteste erhaltene Text des Schauspiels aus dem Jahr 1662 geht auf zwei Augsburger Passionsspiele aus dem 15. bzw. 16. Jahrhundert zurück.

## Allgäu

Das Voralpengebiet zwischen Lech und Bodensee ist nie eine politische Einheit gewesen. Der größte Teil zählt zu Bayern, der Westen zu Baden-Württemberg und das Kleine Walsertal zu Österreich.

Wie das gesamte Voralpengebiet ist auch das Allgäu von der letzten Eiszeit als Berg- und Hügelland geformt worden. Nach Süden hin grenzt es sich durch die Allgäuer Alpen als Teil der schroffen Kalkalpen mit dem 2657 Meter hohen Großen Krottenkopf und dem 2652 Meter hohen Hohes Licht gegen den Hauptkamm der Alpen ab. Hier am Alpenanstieg regnen sich die wolkenreichen Westwinde ab und hinterlassen jährlich mehr als 1000 Millimeter Niederschlag. Wälder und Wiesen, Seen und Moore charakterisieren die liebliche Landschaft des Allgäus.

Das Allgäu ist als Ferienregion sowohl im Sommer als auch im Winter sehr beliebt. und der Tourismus ist ein wichtiger und stetig wachsender Wirtschaftsfaktor.

Weidewirtschaft bildet den Haupterwerbszweig der Landwirtschaft und das Allgäu ist tatsächlich eines der wichtigsten milchwirtschaftlichen Produktionsgebiete Deutschlands und bekannt für seine Butter und die vielfältigen Allgäuer Käsesorten.

***Oben:*** *Schloss Hohenschwangau mit dem Schwansee in der Abendstimmung.*
***Unten:*** *Für den herbstlichen Almabtrieb werden die Kühe prächtig geschmückt.*

***Top:*** *Hohenschwangau Castle with the Schwansee (Swan Lake) at dusk.*
***Bottom:*** *Cows adorned with flowers for the autumn ceremonial procession down to the valley.*

# DIE DEUTSCHEN ALPEN

## Im Hochgebirge

Der Anteil Deutschlands an den Alpen beschränkt sich auf den bayerischen Teil der Kalkalpen. Sie ragen aus dem wellig bis hügeligen Alpenvorland teilweise schroff hervor. Partiell zwischengelagert sind waldreiche Flyschvorberge, deren maritime Sandsteingrundlagen weitgehend zu runden Kuppen abgetragen sind, aber dennoch bis zu 2000 Meter hoch

**RECHTS:** *Wagenbrücksee bei Mittenwald mit Blick auf das Karwendelgebirge.*
**RIGHT:** *Wagenbrücksee near Mittenwald, against the magnificent backdrop of the Karwendel Mountains.*

**OBEN LINKS:** *Der fast ausgestorbene Steinbock ist in den bayerischen Bergen wieder anzutreffen.*
**LINKS:** *Die Alpenrose steht unter Naturschutz.*
**RECHTS:** *Blauer Enzian, die wohl bekannteste Alpenblume.*
**GANZ RECHTS:** *Ein Alpenapollofalter auf den Blüten der Alpenrose.*
**TOP LEFT:** *The almost extinct ibex can be found again in the Bavarian mountains.*
**LEFT:** *The Alpine rose, a protected wild flower.*
**RIGHT:** *Blue gentian, the best known Alpine flower.*
**FAR RIGHT:** *A Phoebus Apollo butterfly on the petals of an Alpine rose.*

**Oben:** Almwiesen vor der Alpspitze und dem Hochblassen bei Garmisch-Partenkirchen.
**Unten:** Gämsen sind auf Bergwanderungen häufig zu beobachten.

**Top:** Alpine pastures in front of the Alpspitze and Hochblassen mountains near Garmisch-Partenkirchen.
**Bottom:** Chamois are frequently sighted during mountain hikes.

emporragen können. Die Spitzen der bayerischen Kalkvoralpen ragen oft weit über die Waldgrenze hinaus. Mehrfach greift die Staatsgrenze zu Österreich über den Kamm der Kalkvoralpenkette hinaus in die Kalkhochalpen, wie etwa in die Allgäuer Alpen, in das Wetterstein- und das Karwendelgebirge hinein.

Von West nach Ost ziehen sich im alpinen bayerisch-österreichischen Grenzgebiet die Allgäuer Alpen, die Ammerberge, das Wetterstein-Gebirge, die Ausläufer des Karwendelgebirges, die Chiemgauer Berge und die Berchtesgadener Alpen entlang.

**Schloss Neuschwanstein**

Der Bayernkönig Ludwig II. hatte zwei große Träume – zum einen wünschte er sich ein Schloss wie Versailles und zum anderen auch eine Burg wie die Wartburg zu haben. Den einen Traum erfüllte er sich

***Rechts:** Ein Murmeltier, possierlich und zutraulich.*
***Unten:** Blick auf die Zugspitze, Deutschlands höchstem Berg (rechts unter dem Mond) und die Alpspitze.*
***Right:** A cute, friendly marmot.*
***Bottom:** View of the Zugspitze, Germany's highest mountain (right, under the Moon) and the Alpspitze.*

mit Schloss Herrenchiemsee, den anderen mit dem Märchenschloss Neuschwanstein. Der Theatermaler C. Jank, der in München unter anderem Bühnenbilder zu Wagners „Tannhäuser“ entworfen hatte, konzipierte das neuromanische Schloss, das zwischen 1869 und 1886 in unvergleichlicher Lage oberhalb von Alp- und Schwansee errichtet wurde. Die Königszimmer des Schlosses sind mit Szenen aus „Tristan“, „Lohengrin“ und anderen Opern von Wagner, den der Bayernkönig verehrte, ausgemalt. Unter diesen Räumen sind der Thron- und der Sängersaal besonders hervorzuheben.

### Wettersteingebirge

Im Grenzgebiet zwischen Tirol und Bayern zieht sich das Wettersteingebirge mit Deutschlands höchstem

**Linke Seite oben:** *Das Schloss Neuschwanstein des Bayrischen „Märchenkönigs“ Ludwig II.*
**Linke Seite unten links:** *Im Sängersaal von Schloss Neuschwanstein.*
**Linke Seite unten rechts:** *Teilansicht vom Thronsaal im Schloss Neuschwanstein.*
**Left page top:** *Neuschwanstein Castle built by Bavaria's "fairytale King" Ludwig II.*
**Left page bottom left:** *The Singers' Hall of Neuschwanstein Castle.*
**Left page bottom right:** *Partial view of the Throne Hall in Neuschwanstein Castle.*

**Oben:** *Das Münchner Haus auf dem Westgipfel der Zugspitze und die meteorologische Station.*
**Unten:** *Bauminsel im Eibsee am Fuß der Zugspitze.*
**Top:** *The Munich House on the western summit of the Zugspitze and the meteorological station.*
**Bottom:** *Island with trees in the Eibsee at the foot of the Zugspitze.*

Berg, der Zugspitze, in westöstlicher Richtung zwischen Loisach und Leutascher Ache entlang. Geologisch ist der Gebirgsrumpf aus hellfarbenem Riffkalk (Wettersteinkalk) aufgebaut, der hier eine 1000 Meter mächtige Schichtenfolge aufbaut.

Das Wettersteingebirge wird in drei Kämme gegliedert, die, von der Zugspitze ausgehend, durch das Höllental sowie das Reintal gebildet werden. Beide Täler haben sich teilweise klammartig in den Fels gegraben – das Reintal bildet die atemberaubende Partnachklamm.

Dem Wettersteingebirge vorgelagert liegt der Eibsee auf 973 Metern Höhe, unmittelbar am Nordfuß der Zugspitze. Am Westrand des Zugspitz-Massivs liegen die beiden Schneeferner mit dem ehemaligen Hotel Schneefernerhaus auf 2650 Metern Höhe.

Der Westgipfel der Zugspitze trägt das Münchner Haus mit einer meteorologischen Station, der Ostgipfel ein eisernes Kreuz. Über drei Bergbahnen kann die Gipfelspitze erreicht werden.

**Berchtesgadener Land**

Im äußersten Südosten Bayerns erstreckt sich inmitten der Salzburger Kalkalpen zwischen Saalach und Salzach das Berchtesgadener Land mit dem tief in die umgebende Bergwelt eingebetteten Königssee. Er ist umgeben vom Watzmann im Westen, dem Steinernen Meer im Süden, dem Hohen Göll und dem Hagengebirge im Osten sowie dem Untersberg im Norden. Salz hat die Region reich gemacht – das „Weiße Gold" des Mittelalters wurde in Berchtesgaden, Reichenhall und im nördlich gelegenen Rupertiwinkel abgebaut. Salz war eben nicht nur Gewürz, sondern diente vor allem zum Konservieren von Lebensmitteln. Darüber hinaus benötigte man Salz zum Färben, Gerben, Glasblasen und Töpfern.

Watzmann und Königssee sind die Attraktion des Berchtesgadener Landes. Der Watzmann gilt als die größte Herausforderung in den deutschen Alpen. Seine berüchtigte Ostwand wurde 1881 erstmals bezwungen. Die herrliche Aussicht von hier oben belohnt jeden Bergsteiger, der den Aufstieg geschafft hat. Der Königssee zählt zu den schönsten Seen der gesamten Alpen. Berühmt ist sein Echo.

Am Westufer liegt die Wallfahrtskirche St. Bartholomä. Eine Kapelle ist an dieser Stelle 1134 erstmals bezeugt. Der heutige Bau mit seinen anmutigen Kuppeln stammt aus dem Jahr 1697 – mit der schroffen Watzmannwand im Hintergrund ist dieses Motiv das meistfotografierte der Bayerischen Alpen!

OBEN: *Der winterliche Ostgipfel der Zugspitze mit Alpenpanorama, Blick nach Süden.*
RECHTS: *Wallfahrtskirche Maria Gern im Berchtesgadener Land.*
TOP: *The wintery eastern summit of the Zugspitze with a panoramic view of the Alps, looking south.*
RIGHT: *Pilgrimage Church of Maria Gern in Berchtesgadener Land.*

## THE ALPINE FOOTHILLS AND THE ALPS

South of the Danube the Mittelgebirge link up with the Alpine foothills. Unlike those parts of Bavaria north of the Danube which are characterised by the Mittelgebirge, the Alpine foothills with the River Lech in the west, the River Salzach in the east and Lower Bavaria present three distinct types of countryside from north to south. The northern part, which borders on the Danube, is loamy hilly area, to the south there are mighty rock plates which are a legacy of Ice Age glaciers. The third distinct type of landscape is characterised by terminal and ground moraines with the big lakes of Upper

Bavaria. This area acts as a kind of transition to the Alps. A contrast to the background of the Alps is provided by the big lakes of Upper Bavaria, above all, the Ammersee, the Starnberger See, and the Chiemsee, also a legacy of the last major Ice Age. Munich, Germany's "secret capital", is the focal point of Upper Bavaria. Its charm together with its favourable location make it very attractive.

The German part of the Alps is restricted to the Bavarian part of the limestone Alps. They rise steeply out of the undulating Alpine foothills. There are some forested Flysch (slate) foothills which are partially interstratified. Their maritime sandstone bases have been largely eroded to form round hilltops, which can, however, be as high as 2000 m. The summits of the Bavarian limestone Alpine foothills often rise way above the level beyond which no forest can grow. The national frontier to Austria often goes above the limestone Alpine foothills to the high limestone Alps like, for example, the Allgäu Alps and also the Wetterstein and Karwendel regions.

Our journey through Germany reaches its majestic conclusion with the Alpine Austro-Bavarian border region which Stretches from west to east and includes the Allgäu Alps, the Ammer Mountains, the Wetterstein region including the Zugspitze, the foothills of the Karwendel Mountains, the Chiemgau Mountains and finally the Berchtesgaden Mountains.

***Oben:*** *Wallfahrtskirche St. Bartholomä am Königsee, dahinter in der Bildmitte die Ostwand des Watzmann.*
***Unten:*** *Berchtesgadener Bergbauernhof mit dem Watzmannmassiv.*

***Top:*** *The Pilgrimage Church of St. Bartholomew on Lake Königsee; (behind, centre) the east face of the Watzmann Mountain.*
***Bottom:*** *Berchtesgadener mountain farm and the Watzmann massif.*